领导力行为学

基于神经科学的领导力前沿研究成果

[英]尼古劳斯·迪米特里亚迪斯（Nikolaos Dimitriadis） [英]亚历山德罗斯·萨艾考杰斯（Alexandros Psychogios） 著

陶尚芸 译

NEUROSCIENCE FOR LEADERS

A Brain-adaptive Leadership Approach

北京联合出版公司
Beijing United Publishing Co.,Ltd.

图书在版编目（CIP）数据

领导力行为学 / (英) 尼古劳斯·迪米特里亚迪斯，(英) 亚历山德罗斯·萨艾考杰斯著；陶尚芸译. -- 北京：北京联合出版公司，2019.5

ISBN 978-7-5596-3143-5

Ⅰ. ①领… Ⅱ. ①尼… ②亚… ③陶… Ⅲ. ①领导学 Ⅳ. ① C933

中国版本图书馆 CIP 数据核字 (2019) 第 066548 号

北京市版权局著作权合同登记：图字 01-2019-3142

领导力行为学

项目策划 斯坦威图书 斯坦威 STANDWAY

作　　者 (英) 尼古劳斯·迪米特里亚迪斯
(英) 亚历山德罗斯·萨艾考杰斯

译　　者 陶尚芸

责任编辑 昝亚会　夏应鹏

策划编辑 李佳铌　肖　宇

封面设计 异一设计

北京联合出版公司出版
（北京市西城区德外大街 83 号楼 9 层　100088）
大厂回族自治县益利印刷有限公司　新华书店经销
217 千字　710 毫米 ×1000 毫米　1/16　16 印张
2019 年 7 月第 1 版　2019 年 7 月第 1 次印刷
ISBN 978-7-5596-3143-5
定价：59.00 元

前　言

是什么造就了伟大的领导者？这个极其重要的问题一直困扰着科学家、哲学家、专业人士，甚至是世界各地的普通人。这也是 2015 年 11 月《哈佛商业评论》封面上的主要问题，《哈佛商业评论》是一本影响深远的管理学杂志，展示了企业和组织对领导力的痴迷。然而，不管这个问题有多重要，答案总是难以捉摸。针对这个问题，已经出现了许多理论模式，但没有一种理论可以成功地捕捉到领导力的全貌，直到现在都没有！我们相信领导力之谜最终会得到一个令人信服的答案。那么，答案来自哪里？当然是来自思路清晰的大脑。

领导力其实算不上一门科学，也不是一种纯粹的艺术。领导力甚至不是一套单独的思想、感情或行为。领导力是一种态度。正如经典的心理学理论中描述的那样，领导力是一种宏观概念，囊括了思想、感情和行为等领域（罗森伯格和霍夫兰德，1960 年）。作为一种态度，领导力在日常生活中随处可见。它没有固定的层次结构，也没有给定的前提条件。我们常常喜欢把领导力比作一朵野花，只要有适当的条件，野花就可以随地绽放。同样，如果在组织内外找到适当的条件，领导力就能出现。

作为一种重要的社会现象，领导力得到了广泛的研究。研究领导力的主要目标是（以前是，现在也是）辨别影响领导力的适当条件。生物学、心理学、社会学、政治学、人类学和历史学等多种学科已经积累了丰富的领导力知识。在组织科学中，领导行为对成功的关键影响已经颇具规模（希格斯和罗兰，

2011 年）。但是，正如上面所提到的，无论我们目前拥有多少领导力知识，都远远没有全面了解领导力现象，更不用说进一步研究如何建立有效的领导态度了。原因很简单，领导力不是一种静态现象，而是一种不断进化的动态现象。既然领导力是一种动态的现象，我们就需要采取一种动态的方法。换句话说，我们需要不断扩展自己的领导能力，这是一种新兴的态度模式。就这一点来说，真正的突破是神经学。

最近 20 年里，科技的飞跃已经帮助神经学家们更好地研究和理解人脑，这是人类历史上前所未有的好兆头。关于明显影响人类理解方式的神经解剖学、突触发育和大脑功能，我们已经开始有了突破性的见解，不只是洞悉了大脑的内部运作，还深入了解了个人和社会态度。神经学有助于提高我们对领导力的理解，可以成为组织内部的一种态度。事实上，神经学已经在其他商务领域产生了更为直接的影响，比如市场营销和通信系统。我们要关注这些商务活动对领导力的影响，比如，洛克和林勒布合著的《神经领导学》（*Neuroleadership*，2009 年）。两位作者将“神经领导学”定义为“针对领导者和其追随者之间存在的有影响力的人际关系，并对此进行生物微观基础研究的学科”。神经领导学声称，通过了解大脑的运转方式，领导者可以让自己和他人有效地提高业绩（洛克和唐，2009 年）。为了支持这一观点，亨森和罗素（2013 年）认为，已经有证据表明，当领导者激发自己和团队去更好地利用自己的脑力时，他们的工作就会变得更加高效。这主要是通过提高个体的脑力，培养健康的人际关系和开发高品质的集体思维来完成的（亨森和罗素，2013 年）。越来越多的人认为，神经学为理解领导力开辟了新的途径，并改变了至关重要的领导态度。

然而，人们似乎较少去研究和探索领导者调动大脑智慧的实际方法，以及影响领导力在现实世界中作用的因素。虽然关于这个问题的出版物数量相对较多，但是，鲜有书籍为企业和其他组织经理等渴望发挥领导力的专业人士提供简单、系统和实用的方法。

本书的宗旨是提供一个切实可行的宏观方法来理解和贯彻领导力的智慧。本书借鉴了神经学和行为科学中更多关于大脑的知识，以及传统的领导力和商业思维，揭示了提升领导力的可行途径。这对于挑战企业和组织环境至关重要。通过多样化和高端的全球研究，我们建立了全面具体又简单易用的方法，帮助管理人员和专业人士提高领导力。我们建议采用大脑适应性领导力（the brain adaptive leadership，简称“BAL”）作为一种在组织化的社会实体中思考、感受和行动的方法。

BAL 方法是值得个人遵循的态度与方法，这些个人可以重新调整自己的大脑，塑造自己的行为，从而领导项目、流程和人员。这种方法属于神经学的更广泛应用，重点是“应用”二字，本书的读者定位是那些因为现有方法不太奏效而需要尽快采取新颖有效的领导方法的人。

BAL 方法包括三个核心要素：大脑、适应性、领导力。

大　脑

现在人类的大脑已经相当发达了。著名的杂志《科学美国人》在 2014 年 3 月刊的封面上宣称：“我们生活在大脑的新纪元。”最近 20 年里，神经学、行为经济学和其他学科已经粉碎了许多关于决策和人类行为的神话，尤其是打破了逻辑规则概念的顽固定位。这种顽固的观点正在迅速被淘汰出局，因为我们的理性和分析思维能力并不是人类的绝对能力。这一点重要吗？对！这一点最重要吗？不！最重要的是神经学，正如我们在书中详细讨论的那样。我们讨论得很清楚：人类不是也不应该是纯粹的生物。采用更复杂、更深入、更大胆的观点来代替理性，全面地看待人脑的内部运作及其对我们生活的影响，这对于改善人类行为至关重要。因此，最近十几年以来，出现了关于神经学、大脑和隐藏的力量塑造行为的大量研究和书籍。与此同时，越来越多不同职业和领域的人士开始对学习这些基于脑力的、新颖的人类行为准则产生了兴趣。

事实证明，医学技术的进步对这个领域非常有帮助。成像技术（比如，功能性磁共振成像，简称“FMRI”）和其他神经、生物及脑波采集技术已经在大脑研究方法领域做出了巨大的贡献（高杰夫和迪米特里亚迪斯，2015 年）。关键的结果是已经揭开了神经过程、神经发育和神经连接面纱的许多新见解。这些发现不仅仅影响了我们理解大脑功能本身的方式，更重要的是揭示了大脑功能影响个人和集体决策的方式，让个人和社会行为产生了深远的影响。换言之，这些神经发育极大地促进了我们对组织和变革等社会现象的理解。

对我们来说，这一切都取决于大脑。领导力研究和实践应该以大脑开始，并以大脑结束：无论是独立的个人大脑还是组织内外的集体大脑都一样。讨论没有神经学的领导力以及心理学、人类学和行为经济学，不仅不充分，而且可能会严重误导他人。我们的思维模式、分析技巧、心情、情绪反应、习惯、关系建立和沟通技巧，以及我们快速改变和快速理解他人的能力、我们的整体影响力和说服力，以及大家可以想到的任何领导力问题，都可以追溯到大脑。你的大脑可以让你成为一位很棒的领导，你允许你的大脑这样做吗？

适应性

我们可以用一个词语来描述现代社会和集体实体的内在特征：复杂性。社会以及组织，作为人类无限互动的系统，可以被看作是内在的复杂性。我们通常在课堂上要求学生尽量用最简单、最方便的方法来定义“复杂性”。经过讨论，学生们提出了各种定义，最后，我们常常得出这样的结论：复杂性反映了人们无法完全理解的任何一种情况。换句话说，复杂性是我们不能很容易理解并最终控制的东西。值得注意的是，这里的“复杂性”指的是“错综复杂”。“复杂难解”和“错综复杂”之间存在着很大的区别，复杂难解的事物取决于许多因素，往往需要专家的解释和掌控；错综复杂的事物也取决于许多因素，但人类几乎无法预测、识别和掌控这些因素。

复杂性科学诞生于最近 50 年，它改变了我们理解物理现象的方式。复杂性和混沌理论也影响了社会科学，包括管理学和领导学，这是最近3年发生的事情。复杂性理论认为，社会和组织作为复杂的适应性系统，是由许多自主的不同个体组成，这些个体拥有非线性的、不可预知的、突发的行为（麦克米伦，2006年；萨艾考杰斯和格里夫，2012年）。这些系统具有与生俱来的自我组织能力，因为它们内部的关系是由不断的反馈回路引导的（考夫曼，1993年；斯泰西，2004年）。同样，混沌理论意味着社会系统随着时间的推移而不断地演化，它们是敏感的微小变化，却可以致使整个系统产生波动和不可预测（惠特利，1999年；卡西利亚斯，2000年）。

社会科学的复杂性已经成为一个强有力的典范。人们普遍意识到，我们生活在一个易变的、不确定的、复杂的、模糊的世界（a volatile, uncertain, complex and ambiguous world，简称“VUCA世界”）里（霍妮等，2010年）。为了更好地理解我们居住的VUCA世界，请你想一想某一天的生活；想一想你每天收到多少信息——与你的工作有着直接或间接关系的信息；想一想你每天的通信流量。你发送和接收的电子邮件有多少，不用管它们是不是相关信息，甚至也不要管它们是不是有用信息。你每天有多少次通过面对面交流或电话和数字会议平台（如网络电话）与他人互动。你花了多少时间阅读有关工作的新闻、浏览相关的网站等，此外，你每天花在社交媒体上的时间有多长？最后，想一想你从更广泛的媒体环境中获得的全部信息。现在想一想，同样的事情以这样或那样的方式发生在这个星球的大多数人身上，结果会怎样。由此产生的互动网络令人兴奋。而这只是对我们目前生活的世界的一个小小的思考。

这个世界充满了活力四射的快节奏变化，具有不可预测性和巨大的不确定性，当然，还有无穷无尽的信息。毫无疑问，我们的VUCA世界是一个信息世界。如果说，以前社会组织的模式是官僚主义，那么，现在的新模式就是信息化（克劳森，2011年）。这种模式声称，权力的来源不再隐藏在职位和办公室之内，而是被重新分布在组织化的社会实体之上，这要归因于我们所经历的信息大爆炸。在官僚模式之内，信息统治需要面向新方法，而不是面向最佳结果。信息时代要求，发生在我们身边的一切都是由我们所有人共同创造的结果，当然，其中某些人可能会对结果产生更大的影响力（斯泰西，2010 年）。换句话说，新模式将人们提升为任何社会系统的关键组成部分。人们，尤其是领导者，需要知道自己在我们周围的 VUCA 世界中扮演着至关重要的角色。他们不是被动的演员，所以他们迫切需要培养适应能力的新技能。

大脑科学给大家带来了希望，这就是所谓的“神经可塑性”。我们的大脑在生活中不是没有变化。相反，它每天都在不断地变化。事实证明，神经可塑性是大脑变化的能力，可以训练和适应，从而长出新的神经连接，或降低现有的神经连接。除了外表上的遗传因素外，所有这些都取决于我们自己和我们所处的环境，以及我们与环境互动的方式。即便到了成年和晚年，我们的大脑也在不断地运动（胡德，2014 年）。因此，大脑是新型领导力在复杂世界中不断适应的关键因素。

领导力

领导力是一个非常流行的术语，对我们的社会和组织影响很大。事实证明，在谷歌搜索“领导力”和“企业领导力”这两个词条的时候，搜索结果差不多有 10 亿个。当你输入“企业领导力”时，你会搜索到大约 15 亿个结果。领导力问题很重要。自从人类原始社区发展成为第一文明以来，领导者就发挥了重要的作用。那么，为什么人们如此相信领导力呢？心理学中可以找到一个关键的答案。根据迈克比的理论（2004 年），人们热衷于追随一个领导者的原因可以是理性的，也可以是非理性的。前者是关于未知事物的处理，通常指的是人们的未来。在处理不确定的情况时，领导者可以注入稳定性和确定性。他们可以给我们希望，在我们面前开辟一条清晰的道路。然而，非理性的原因似乎更为关键。人们跟随领导者，往往不知道为什么要这么做，这是对困难情况的自然反应。这种自愿追随领导者的心理来自我们潜意识的情感，也就是投射到我们与领导者的人际关系上的心理图像（迈克比，2004 年）。领导力是我们大脑中的一种进化状态。

相关人士做了大量研究，旨在探索和解释领导力现象，相反，有的研究目的是“控制”领导力。那些探索领导力的文献（皮尔斯和纽斯特朗姆，2014 年；奥博兰斯奇，2014 年；韦斯顿，2013；斯泰西，2012 年；萨艾考杰斯，2007 年）将会被分为四大主要领导方法或风格：

1. 独裁控制法：领导者寻求并控制资源以提高效率。

2. 动机涉入法：领导者注重人际关系，激励他人以提高绩效。

3. 转换法：领导者的目的是改变组织的文化，试图取得更好的结果。

4. 适应法：领导者认为组织是不断变化的复杂系统，需要不断地努力适应。

上述领导风格之间属于递进关系。领导力从控制开始，接着转向动机，然后转换，最后适应。正如本书中所解释的，我们的方法并不是单纯属于某种风格，而是在不断延伸。适应性领导力可以处理和集中分析大量的外部系统（奥博兰斯奇，2014 年）。正因为这些系统可以自动适应，所以，领导者必须在这些不断变化的环境中工作。在我们的方法中，重点不是在外界或外部系统，而是在大脑或内部世界。对我们来说，大脑也可以自动适应。正是这种非凡的大脑能力改变了领导能力，从而创造了更好的组织和更美好的未来。

我们认为，现代领导力需要实践的判断，或是古希腊哲学家亚里士多德所谓的实践智慧。实践智慧是相关语境下行动导致的判断，这要归因于人们的日常经验（斯泰西，2012 年）。实践智慧是日常生活中的一种思维、认知和行动方式（安东那可波罗，2012 年），获得途径是实践经验。当我们对这一经验采取反思态度时，就会更好地理解实践智慧（斯泰西，2012 年）。反过来，实践智慧有助于我们制定判断和影响我们行为的方式（安东那可波罗和萨艾考杰斯，2015 年）。我们坚信，通过观察大脑的工作方式和改变大脑对刺激做出反应的能力，我们就能够更好地思考经验并形成判断，从而更好地适应我们自己和他人的行为。BAL 就是这样的好方法。

BAL 概览

BAL 方法由四大部分组成。这四大部分就是我们在商业、管理、教育和个人生活中收集、组织和使用的大脑综合方法的主要观点、科学见解和实际建议。在创建这种方法时，我们使用了大量的科学和商业文献，关注最新的潜在见解，并结合了以往的经典观念。我们使用了来自世界各地的学术研究、实例、案例研究、个人故事、专业观点和实用技巧。最重要的是，我们还努力去咨询、研究、培训、辅导、创业和管理。下面我们逐一地简述这四大部分。

1. 思考

第一部分反映了大脑的认知功能。这是本书中内容最多的一部分，因为领导者和企业迫切需要学习如何进行大脑思考。如果他们这样思考，就能释放自己分析思维的真正力量，并获得更多的成就。若想成为善于动脑的领导者，首先就得保持并增强意志力。原因很简单：领导力就是让你的大脑保持强大，以便有效甚至高效地处理棘手的问题。如果你浪费了大脑能量，那么，你的想法和决定永远不会清晰有用和鼓舞人心。大家要学习如何保存和使用意志力，避免自我损耗、倦怠和多重任务的陷阱。你们还要意识到认知偏见的重要性。经济学家、心理学家、商业作者和顾问都认为，偏见是非理性思维的主要罪恶来源。即便是一个强大的充满意志力的大脑，如果喜欢异想天开，对任何人也都没有好处。因此，领导者需要不断地意识到偏见，并自觉地判断这些偏见何时有用，何时没用。还要关注偏见，必要时还可以加以利用。同样，你们要识别和提防潜在的自动误导模式，还要学会提问，以便揭示各种情形的关键因素。因为提问是一种核心领导力技能。采纳深刻而有意义的个人目标，有助于领导者保持正确的思想。同时，发现并进入最佳心理状态的能力，有助于领导者提高思维的清晰度、有效性和生产率。创造性思维是最重要的思维形式，因为在处理混乱和不断地变化时，我们需要机智地解决问题。我们在进行信息反馈时，往往会运用到记忆力，这是人类渴望提高的第一认知能力。强大的工作记忆力总能给我们周围的人留下深刻印象，经常帮助我们赢得辩论。领导者需要学习如何改进和使用记忆力。此外，他们还需要采取一种开放的、积极的、以成长为中心的思维方式，使自己在任何意外情况下都能保持清醒和警惕。

2. 情绪

第二部分反映了大脑的情感生活。人类并不总是可以恰当地理解和表达自己的情感，这给领导者带来了巨大的挑战，此外，驱使我们行动的是情感，而不是思想。在这里，我们提出了具体的模式，以便对我们其他人身上的核心情绪进行命名、分类和鉴别。若想提高领导力，就非常有必要及早发现正确的情绪并做出相应的处理。如果恰当使用情绪控制术和情绪灵敏度，就可以为领导者创造奇迹。我们要探索和鉴别情绪风格，情绪风格就是我们在情感上对刺激做出反应的永久方式。最重要的是，我们要致力于改变情绪以适应现代领导风格。领导者也需要检查自己的情绪，保证稳定的情绪状态，因为错误的情绪会破坏团队、部门或整个组织的协作精神。请找到你自己的积极情绪，并把它传递给周围的人，如此，你就会收获立竿见影的效果。

3. 习惯

第三部分反映了大脑的自动反应模式。我们的决定和行动主要是基于我们意识控制之外的大脑过程，根植于更深层的大脑结构，现代领导者必须理解并利用这些大脑机制。如此，领导者就可以推动自己和他人的大脑去做出特殊的决定或行为。领导者还可以提高生产力、创造力并增强社会联系。同样，习惯是大脑节省宝贵能量的最有效途径，应该成为提高领导能力的战略要素。作为重复行为的模式，工作环境中的习惯代表着组织的文化，需要谨慎对待。许多文献清楚地表明，如果我们遵循正确的行为模式，就很容易改变不良的习惯，并让自己和他人形成一套良好的习惯。请摒弃消极的习惯，形成积极的习惯，提高领导效力。此外，我们的大脑已经进化了数百万年，可以应对周围物质世界的挑战和机遇。因此，我们开发了独特的方法去自动响应周围环境的变化。我们认为，我们周围的物理环境或语境，潜意识里显著地影响了领导力决策和行为。现代领导者需要理解大脑和物理世界之间的相互作用，并利用物理空间获得期望的行为反应。

4. 人际关系

最后一部分反映了我们领导生活的社会方面。如果别人没有以深刻而有意义的方式与领导者联系，领导者就无法激发行动。为了与他人联系，领导者必须充分理解基于社会的意识来源，并在商务互动中采取“先合作后回报”的态度。现在有了行为规范，领导者可以开动脑筋去识别和联系周围的人。这项技能将会大大提高你的领导效能。你可以利用大脑的模仿倾向，创造和维持有效的企业文化，建立和管理广泛的人际网络，无论人际关系强大还是弱小，你都可以提高自己的领导地位。此外，展示仪态、温暖和力量，形成与他人交流的艺术，有助于你与组织内外的重要个人建立强有力的联系。然而，如果你不确定相关的大脑化学物质处于协作模式，就无法使自己的大脑去适应网络化的领导方式。关系是通过沟通建立和培养出来的。对我们来说，交流就是创造一个期待的行为反应。因此，说服是一种核心的领导技能，因为现代领导者需要通过影响他人的行为来实现组织的目标。如果我们准备诱导有意义的行为进行改变，那就需要和大脑的三大功能进行“对话”——思考、感觉和行动。因此，我们需要引导理性，激发强烈的情感，并调整环境以达到期望的习惯。为了达到个人和集体大脑的最大效果，领导者需要尽可能地使用说服的技巧：让领导者迅速影响他人的具体词汇或短语（例如“因为”）；富有同情心的谈话；引起大脑注意力的六大关键刺激因素。不断增加的说服力可以对你们自己和他人的工作产生积极的影响。

现在，请开动脑筋，聚精会神地研究和实践 BAL 方法吧。

特别提示

1. BAL 的主要来源是神经学，不过也会用到心理学、社会学、行为经济学、管理学和领导力科学，甚至营销学和沟通学。如今，无论如何，现代领导者需要一切可以得到的力量去支持 BAL 方法。

2. 引用的资料可以帮你深入认识自己最感兴趣的问题。仅仅一本书不可能帮你深入了解所有的主题、概念、案例和建议。但是，我们在本书中介绍了全面的资料来源，以供大家去广泛探索。

3. 所有章节开头的短篇故事都是真实的。这些故事描写了处于困难的企业环境中的领导者的事迹。所有这些故事都来自我们与全世界的领导者和管理者一起工作的经历。我们已经将其改头换面，不会让读者看出他们是谁，但具体的挑战细节完好无损。

4. 本书中的所有练习和建议都已经得到了测试和验证，在过去的 10 年中，我们一直在构建 BAL 方法。请在适当的时候尽可能多地尝试，以便找到最适合你和你的团队的 BAL 方法。记住，追求数量，也要确保质量。

5. 本书是实践者为实践者而写的，不是神经学家为领导者而写的。这是一个重要的区别，我们不是为了自己使用而描述大脑细节。我们精心挑选并精心合成已经发现的信息，最重要的是我们的管理、咨询、教学和研究实践。与大多数这类题材的书籍相反，在本书中，我们并没有单独描绘大脑图像。领导者非常需要善待大脑，但他们不需要大脑解剖的详细报道。我们虽然提供了有关大脑重要功能的具体信息，但我们始终关注大脑功能的实用性。这就是 BAL 方法的全部内容。

6. 大脑总是充满好奇心，所以，我们要保持开放的心态。神经学以及其他涉及人类本性，尤其是人类行为的领域，依然处于发展阶段。技术和科学探究将推动理解的界限，更多的突破性见解即将出现。所以，永远不要停止探索，不要停止提问，不要停止学习。

7. 不要只是阅读理论，还要动手去做。通过实际行动，而不仅仅是阅读，你会学得更多，学得更快。你一旦感觉自己喜欢上了那些想法和建议，就要应用到实践中去。首先在低风险的情况下进行试验，稳扎稳打，步步为营，然后转移到更重要的任务上。我们并不期望大家一路所向披靡，但我们希望大家享受大部分的探索过程。

8. 忘记经济人的理性。几个世纪以来，一些经济学家一直在支持着一些过时的观点，这样的现象已经完全结束了。人类不是理性的，永远也不会是理性的。这一点真的值得注意。理性在决策方面起着至关重要的作用，但如果没有情感的道德罗盘和同情心的稳定引导，我们只是冷漠的精神病患者。伟大的领导者却不是这样的。他们是有同情心、善解人意、热情和有远见的生物（他们具备这些特质，或者这些特质的组合）。无论如何，这些特质都会推动他们前进。如果只有理智的话，他们一路上会停很多次。

9. 这门科学的服务对象是你们和你们周围的人。大脑适应性领导者不仅改变了一个大脑，而且改变了许多人的大脑。改变自己大脑的领导者不可避免地会改变周围人的大脑，并成为一股不可阻挡的进步力量。没有领导，社会就是孤岛。领导者是强有力的社会行动者，一直以来，他们对改善每个人和每件事都负有巨大的责任。

10. 我们都是领导者。前线员工、中层管理者和主管、单位和部门董事、总监和首席执行官等，所有人都是领导者。非领导的专业人士的时代已经结束了。复杂性、混乱性、丰富的信息和最苛刻的客户已经淘汰了旧的模式。不管你处于什么职位，作为一个会动脑的领导者，你都会引发重要的变化。很多变化哦。

现在，让我们着手研究第一部分吧。

参考书目

Antonacopoulou, EP (2012) Leader-ship: Making waves, in *New Insights into Leadership: An international perspective*, ed H Owen, Kogan Page, London

Antonacopoulou, E and Psychogios, A (2015) Practising changing change: How middle managers take a stance towards lived experiences of change, *Annual Meeting of the Academy of Management*, August 2015, Vancouver, Canada (Conference Proceedings – Paper 14448)

Cilliers, P (2000) Rules and complex systems, *Emergence: Complexity and Organization*, 2 (3), pp 40–50

Clawson, J (2011) *Level Three Leadership*, 5th edn, Prentice Hall, London

Gorgiev, A and Dimitriadis, N (2015) Upgrading marketing research: Neuromarketing tools for understanding consumers, in *Trends and Innovations in Marketing Information Systems*, ed T Tsiakis, Business Science Reference, Hershey,

Henson, C and Rossou, P (2013) *Brain Wise Leadership: Practical neuroscience to survive and thrive at work*, Learning Quest, Sydney

Higgs, M and Rowland, D (2011) What does it take to implement change successfully? A study of the behaviours of successful change leaders, *Journal of Applied Behavioural Science*, 47 (3), pp 309–335

Hood, B (2014) *The Domesticated Brain*, Pelican Books, London

Horney, N, Passmore, B and O'Shea, T (2010) Leadership agility: A business imperative for a VUCA world, *People and Strategy*, 33 (4), pp 34–38

Kaufmann, SA (1993) *Origins of Order: Self organization and selection in evolution*, Oxford University Press, Oxford

Maccoby, M (2004) Why people follow the leader: The power of transference, *Harvard Business Review*, Organizational Culture Magazine Article, September 2004. Accessed at: https://hbr.org/2004/09/why-people-follow-the-leader-the-power-of-transference

McMillan, E (2006) *Complexity, Organizations and Change: An essential introduction*, Routledge, London

Obolensky, N (2014) *Complex Adaptive Leadership: Embracing Paradox and Uncertainty*, 2nd edn, Gower Publishing Limited, Farnham

Pierce, TJ and Newstrom, WJ (2014) *Leaders and the Leadership Process: Readings, self assessments and applications*, 6th edn, McGraw-Hill, New York

Psychogios, GA (2007) Towards the transformational leader: Addressing women's leadership style in modern business management, *Journal of Business and Society*, **20** (1 and 2), pp 169–180

Psychogios, A and Garev, S (2012) Understanding complexity leadership behaviour in SMEs: Lessons from a turbulent business environment, *Emergence: Complexity and Organization*, **14** (3), pp 1–22

Rock, D and Ringleb, Al H (2009) Defining NeuroLeadership as a field, *NeuroLeadership Journal*, **2**, pp 1–7

Rock, D and Tang, Y (2009) Neuroscience of engagement, *NeuroLeadership Journal*, **2**, pp 15–22

Rosenberg, MJ and Hovland, CI (1960) Cognitive, affective, and behavioral components of attitudes, in *Attitude Organization and Change: An analysis of consistency among attitude components*, eds MJ Rosenberg, CI Hovland, WJ McGuire, RP Abelson, and JW Brehm, pp 1–14, Yale University Press, New Haven

Stacey, RD (2004) *Strategic Management and Organizational Dynamics: The challenge of complexity*, 4th edn, Prentice Hall, London

Stacey, RD (2010) *Complexity and Organizational Reality: Uncertainty and the need to rethink management after the collapse of investment capitalism*, 2nd edn, Routledge, London

Stacey, RD (2012) *Tools and Techniques of Leadership and Management: Meeting the challenge of complexity*, 1st edn, Routledge, London

Western, S (2013) *Leadership: A critical text*, 2nd edn, Sage, London

Wheatley, JM (1999) *Leadership and the New Science*, 2nd edn, Better-Koehler Publishers, San Francisco

目 录 CONTENTS

第一部分 思考

第二部分　情绪

第三部分 习惯

第四部分　人际关系

Neuroscience for Leaders

Part

1

思　考

第一章

科学利用脑力：洞察领导力思维

星期五的商业计划会议

现在是星期五的下午，大家都出席了会议。整个团队都在为下一年的业务计划做最后的准备，整个星期都非常艰苦，大家总是加班加点到深夜。在这次会议上，大家必须说明关键战略问题的重要细节，显然，会议室的气氛十分紧张。每个人都身心俱疲，迫不及待地期望会议早点结束。一直以来，制订商业计划都很苛刻，但今年出现了新的市场挑战，压力比以往任何时候都要大。这个商业计划要么可以增加产量，对公司产生重大影响；要么表现低于预期，可能会严重损害公司和团队的声誉。团队主管走进了办公室。她一直是以身作则的信徒，所以本周，她是第一个进入办公室，最后一个离开办公室的人。她根深蒂固的信念是，如果大家更加努力而持久地工作，就会取得成功。她看了看议事日程，又看了看桌子周围一张张紧张的面孔，然后宣布会议开始。

议题讨论很快就演变成了激烈的争论，策略分歧演变成了讨厌的个人议论。会议结束后，大家普遍不满，甚至情绪失常。虽然团队最终拟定出了一个可以实现主要目标的商业计划，但是，这些年，大家呕心沥血培养出来的团队精神已经遭到损害，而且无法挽回了。公司的人际关系无法恢复，在接下来的几个月里，两个关键人物将会离开公司。这听起来有点不可思议，其实，早在会议开始之前，就已经做出决定了。这不是与会人员决定的，也不是团队领导决定的，而是他们的大脑决定的。

领导和经理曾经多少次面临这样的局面？正式会议、重要演讲、反馈活动或者简单决策常常是由紧张和过度劳累的人执行。科学表明，无论那些一直处于巅峰状态、随时可以完全自控的全能型领导者的文化定式如何，他们大脑的力量总是有限的。如果忽视这些限制，自我控制就会迅速恶化，对所有相关人员都会造成可怕的后果。意志力是领导力的重要特征之一，人们必须精心培养，才能如愿地产生清晰的思路和更好的情绪管理。一切都从大脑开始。

有效利用脑力

大脑消耗的能量比我们身体中的任何其他器官都要多。2008 年，《科学美国人》（*Scientific America*）杂志上的一篇文章中指出，大脑需要提供的总能量超过了整个身体能量的 20%（2008 年，印度“绿色革命之父”斯瓦米纳坦如是说）。虽然大脑只占我们总体重的 2%，但它需要消耗 1/5 的氧气和 1/4 的葡萄糖（2012 年，弗尔先生如是说）。如果人体是一个组织，这可能意味着，大脑代表一个部门，只占员工总数的 2%，却需要公司财政资源的 20%。诚然，大脑部门的每一项决定都要考虑到最高的效率和效益。优先次序显得尤为关键，每一个行动都会因其对整个组织生存的影响而煞费苦心。所有大脑的行为方式完全相同，它强调身体的生存和功能，并重新引导能量进入战略性的领域，如果需要的话，可以寻求更多外来的豪华功能，比如分析和预测。下面再说说组织类比问题。事实上，许多公司在处理销售下降的情况时，会专注并投入更多的资源到那些被认为对企业生存至关重要的领域。与此同时，他们会把资源从更精细、风险更大的未来项目和昂贵的广告宣传活动中转移出来。

更进一步地说，神经科学表明，大脑消耗大部分能量的地方是自动维护系统，而不是高级认知功能。当人们不需要进行大量思考的时候，大脑会处于平静状态，但仍然要消耗将近 90% 的能量。因此，它实际上只有一小部分有效精力可以用于认知要求高的复杂任务，例如，管理年终会议、讨论商业计划的最后细节，以及灵活处理团队内部的分歧意见。在生活中，我们认为，大多数人的大脑加工过程发生在我们可以意识到的区域。这与事实相去甚远。其实，大部分的脑力被用在了其他地方。为我们提供发展自己和职业生涯的主要能力和技能的部分，也就是我们分析和解决问题的部分，只占总能量的一小部分。这意味着，我们必须非常谨慎和灵活地管理这种能量。否则，我们将无法在那些要求高、挑战性强、令人疲惫的日常管理任务中发挥很大的作用。

领导者需要回答的主要问题是，当他们需要在这种情形之下竭尽所能时，他们可以发挥多少脑力去解决问题。他们需要让自己的大脑发挥能量，并自动重新分配到更重要和更深入的生存结构中去？或者，他们将会怎样管理自己的工作和生活环境，以便在面对逆境时可以最大限度地发挥脑力？第一个问题是糟糕决策、愤怒反应和失败会议的快车道；第二个问题则是领导者积极有效地提高决策能力和控制情绪反应的安全途径。

领导的意志力

意志力和自制力不是无限的。沃尔特·米歇尔在《棉花糖实验：学会自我控制》（*The Marshmallow Test*）一书中，描述和解释了斯坦福大学著名的棉花糖实验，这是在 60 年代后期和 70 年代早期进行的实验。沃尔特指出，当我们接触到需要描绘自我控制的情况时，我们的脑力会被快速消耗，所以在下一个需要意志力的任务中会表现得很糟。当孩子们被要求克制自己不要吃摆在面前的棉花糖时，有些孩子表现出较高的意志力，但是，在这次实验之后，在接下来的自我控制测试中，这些孩子反而表现得很糟。相反，第一次试验中表现出不自制，忍不住吃了棉花糖的孩子们，在第二个实验中表现得却更好。怎么会这样呢？意志力难道不是我们要么拥有要么没有的东西吗？

棉花糖的实验结果看起来有点违背常理，因为我们倾向于相信：意志力是重要的人格特质之一。无论如何，社会似乎习惯将人类分为强者和弱者。人们也倾向于刻板地将领导分为强者和弱者，分类依据是他们脑海中的特定原型。

当我们在课堂上针对观众、学生或高管进行棉花糖实验的时候，他们几乎都认为实验结果会在意料之内，也就是在第一次试验中表现出较高意志力的孩子们在第二次实验中会表现得更好。当我们揭示实际结果时，他们通常需要几分钟的时间来适应这种意志力的新变化。这进一步证明，即便在科学证据如此强大的情况下，人们对人类本性和行为的长期印象也不容易克服。当他们确实意识到意志力就像一种你可以拉伸的肌肉时，他们就能够更好地解释过去的经历，并以一种更加自信和清晰的方式去看待未来。他们往往会认识到自己职业生涯中的具体案例。在这个过程中，他们经历了大脑的疲惫过程，导致他们在以后的某个阶段不能那么有效地思考和行动。

实践

坐下来，放松一下，然后再回顾一下你最后一次体验高要求工作时的情形，以及需要你的努力和快速决定的时刻。想想那些消耗你脑力的事情，再想想接下来发生的事情。根据上面的论点，证实你的结论，并考虑下一次需要注意的因素。就这样做吧。你会对这样做的结果感到惊喜。

大脑将利用它所拥有的力量来帮助人们适当地执行所需的任务。这项任务可能是一次谈判、一次演讲或一对一辅导课程。但是，作为一个节能机构，当必须消耗大量能源和整体能源水平下降时，大脑就会重新排序，确保能源主要流向最需要的地方，通常是大脑生存和身体保养的中心。因此，领导者需要时刻意识到，大脑在执行任务时必须分配足够的执行能力。否则，原始的情绪、混乱的思想和无法专注于正确事情的思绪，将会接管并破坏这个过程、关系和结果。当你的自我指导能力变得疲惫和无力，以至于不能正常运作的时候，自我损耗就出现了。从本质上说，大脑不再受控制了。你再也无法控制大脑了。原始的大脑功能完全占据了你的身体。没有一个领导者愿意出现那样的局面。永远都不!

下面告诉大家一个好消息：领导者大脑中的意志力可以长期得到改善。自我损耗课题的主要研究员罗伊·鲍迈斯特在《意志力》（*Willpower : Rediscovering the greatest human strength*，2011 年）一书中坚持阐述了加强我们的意志力和不这样做的风险效益。根据自我控制力科学的一切有用建议，我们的经验表明，更高的出发点、坚定的价值观和即时反馈，是公司增强领导力意志力的三个关键策略。下面逐一进行解释。

更高的出发点

更高的出发点指的是参与更抽象和更具创造性的想法，或者只是考虑大的蓝图。这种思维方式更具概念性，它与“为什么”有关，与多问“什么”和“如何”的低级思维恰恰相反。有关实验发现，更高的出发点有助于大脑在意志力测试中表现出更好的思维能力。虽然这一科学发现对管理学和领导力有着深刻的实际影响，却被大多数公司忽视了。现代组织似乎痴迷于快速获胜。它们更喜欢“做”而不是“想”，因为快速的市场变化需要快速的公司反应。这样就没有什么空间进行真正的概念思考和抽象沉思了。即便这样的思维被运用，通常也是上层人士的特权，甚至属于最高阶层人士的专利。与此同时，公司要求他们的一线员工表现出极限弹力，在动荡的市场中，用自制力和意志力来进行日常的战斗。然而，这只能发生在公司鼓励各级工作人员公开讨论大局，并寻根究底的时候。这样做的目的是帮助人们关注整体利益，而不是集中于各个部分。为了做到这一点，我们需要认识到更高的出发点对保持我们脑力的贡献。此外，我们还可以加强以意志力为基础的决策和行动，更有效地行使自我控制力，更高效地实现理想和目标。

坚定的价值观

坚定的价值观也与坚强的意志力有关。想要永远集中精神并培养坚强信念的领导者需要发展有意义和坚定的价值观。端正态度和培训技能是受欢迎的战略之一，因为职业道德端正的人，无论面临什么困难或者生活有多累，他们都会表现出色。他们将比那些没有价值观或价值观有问题的人有更多的精力投入到他们喜欢的事情当中。此外，有着坚定的个人价值观，大脑的行为规范就有了蓝图。所以，在能量水平低的情况下，当有人在过去几天里非常努力地工作并且感到非常疲倦时，大脑会撤退到习惯模式，复制默认行为以节省能量。这些默认行为，如果以坚定的价值观为指导，将会符合愿景，并减少对外界刺激的不良反应。建立人们真正信任的、坚定的组织价值观，不仅同样有效，还可以共同提高公司的意志力。但是，创造坚定的价值观，不仅仅关乎公司的品牌和价值导向，还涉及公司的整个 DNA 水平。价值观必须成为衡量所有行为和表现的绝对标准。只有这样，大脑才会意识到，这些都是生存的必要元素，然后把它们归入自动行为的区域。因此，可以在能量匮乏的情况下为大脑提供必要的能量。经验证明，当你遵循组织价值观的“ABC 原则”时，价值观会成为公司集体意识的一个组成部分。

根据 ABC 准则创造组织价值观

A 代表权威性（authority）。组织价值观是自上而下的，从高权力的职位到低权力的职位，而不是从低权力的职位到高权力的职位。这是因为低层员工的大脑会潜意识地复制和粘贴被认为比自己更有权力的人们的实际行为。

B 代表变化显示（barometer）。组织需要定期测量成员之间的地位和价值观的维护。要测量的两个主要变量是每个价值观的重要性和表现。也就是说，我们需要衡量我们业务中每个价值观的潜在影响（价值观的重要性），以及每个价值观驱动公司的行为程度（价值观的表现）。

C 代表相容性（consistency）。每个价值观都不应该仅仅用于内部公关目的和创建漂亮的品牌故事。每个价值观都应以正式和明确的方式高度相容于所有组织过程和程序当中。这可以通过建立适当的习惯来加强维护功能。

即时反馈

反馈为大脑调节行为提供了切实可行的切入点。缺乏自制力通常使人更顺从，对冲动更敏感，甚至更容易激动。即时的反馈有助于抑制不良行为，甚至可以重新评估情境，从而采取纠正措施。例如，如果你得到正式的反馈，你需要在工作中保持冷静，以便有机会晋升，那么，这种反馈可以作为你下次开会时对自己行为的激励。同样地，如果你觉得自己并不总能自我察觉，当会议越来越激烈时，你可以要求一个值得信赖的团队成员向你发出微妙的信号。在更广泛的范围内，发展一种透明性和支持性的组织文化，以及提供快速准确的反馈过程，可以帮助员工的大脑在适当的时候得到正确的信号，从而调整他们的行为，表现出更强大的自制力和意志力。信号越重要，大脑处理它的时候就越耗费能量。那么，我们可以确信我们能在正确的时间收到正确的反馈吗？此外，我们是否给予这种反馈以适当的注意力和重视来帮助我们的大脑做出相应的反应呢？如果不是，那么，我们需要强烈和积极地回应这个可能根本就不存在的信号。

关于意志力的科学提供了一种重要的洞察力，让领导者拥有给力的大脑，但这并不能说明一切。为了更全面地了解大脑的力量，并确保我们的大脑在处理复杂事情的时候没有超负荷，我们需要避免疲劳综合征。

疲劳综合征

现在，你们终于可以前往期待已久的度假胜地啦！这是理所当然的，因为去年你在一个重要的重组项目上不间断地与多学科、多国团队合作。在整个项目期间，你一直非常劳累。你常常幻想着这个假期，你可以远离这一切俗事，你会暂时忘记一切，只享受阳光和大海。然后，焕然一新的你回到办公室，为下一个任务做好准备。问题是，一旦你回到办公室，不管你的身体休息、精神恢复，还是你在假期中经历了情感上的充电，一周后你都会开始感到疲倦。让我们诚实一点吧。我们很多人都有这种奇怪的感觉，更糟的是，我们还很难去解释这种现象，还以为自己习惯了假期，需要寻找过去的自我呢。然而，事实并非如此。你抽出时间去休假，心里却想着大创意或根本没有主意。发生什么事了？工作中的疲劳和消极情绪从何而来？它们可能来自疲劳综合征，这会降低你的能力和表现，让你在工作中不能如愿以偿。

在现代生活中，每天都有新的问题出现，而昨天的教训并不总是适用于明天的挑战，这种长期疲劳的感觉在身体和精神上都是不常见的。但是，疲劳综合征不仅仅表现为精疲力竭和疲惫不堪。再次与直觉相反，它也取决于核心的工作条件，如果一不小心，就会导致你的大脑停止运转，表现低于大家的预期，主要是会低于你自己的期望。当你精疲力竭时，你能成为一个真正给力的领导者吗？我们不这么认为。当领导者总是精疲力竭、愤世嫉俗、感觉不好，或上述所有因素结合在一起的时候，如何能够激励和影响他人呢？这些就是疲劳综合征的主要症状。一个领导者怎么能领导一个连续几个月经历这些症状的疲惫团队呢？这几乎是不可能的。

在咨询和辅导生涯中，我们曾遇到过很多疲惫不堪的公司。部门经理、中层管理人员和一线员工都抱怨长期精力不足，不得不做得太多太快，每天都有做不完的任务，一点都不人性化。更糟糕的是，他们往往无法有效地描述自己所面临的情况。他们确实可以感受并理解自己每天都在经历些什么，但文字似乎不足以表达他们的无奈。所以，他们一有机会就要求助。在这种情况下，企业文化似乎是一个能量吸血鬼，旨在耗尽员工们的精神能量。深挖一下，领导者可以很容易地发现疲劳的真正原因，并立即采取行动，以确保它不再影响业绩。如此，领导者可以面对和减少任何愤世嫉俗的痕迹，增强自信心，更有能力让自己和他人实现目标。

身体疲劳应该以多种方式加以解决。假期可以是一个很好的解决办法，但是每天和每周的放松时间可能更有帮助。领导者必须意识到长时间工作时肾上腺素含量高的状态。虽然它暂时感觉很好，但它这样做隐藏了身心的痛苦和低效。当你可能需要休息和重新专注时，它会让你继续前进。创造一个允许休息和具有放松时刻的工作环境，对于有效地处理工作疲劳问题至关重要。恢复精力或减少压力，怎么强调也不为过。然而，更深层的原因更难处理。但是，如果我们想为领导力而调整自己的大脑，就应该果断地处理这些问题。

若想理解和防止疲劳，就得记住一个关键词——“不匹配”。当这个问题持续一段时间而得不到解决之后，就会导致许多的疲劳症状。“不匹配”出现的形式多种多样：

- 某个问题的复杂性增加，解决问题的时间有限；
- 工作描述与实际技能的区别；
- 任务或组织文化性质与个人价值观的冲突；
- 执行期望值太高和可用资源匮乏；
- 对任务负责任，但对任务完全缺乏控制；
- 因为缺乏赏识而表现出的压力；

- 非常亲密的关系与非常差劲的关系（例如，监督者和被监督者）；
- 组织内部“说”和“做”不统一（经理说一件事，却做另一件事）；
- 新人面临高度不可预测的工作；
- 面对一本正经的工作和粗鲁失礼的同事。

不幸的是，这个列表将永远持续下去，欢迎世界各地的管理人员和员工在这里添加他们自己的“不匹配”项。更糟糕的是，许多人都面临着上述几种“不匹配”项的结合，这会造成多重疲劳症状同时出现。总的来说，不利于施展领导才能的环境持续存在。那么，我们该怎么办呢？

实践

想想你需要处理的几个复杂案例。然后试着找出让你感到精疲力尽，不太愿意继续面对的具体“不匹配”项。你的结论是什么？下次你能做些什么来避免类似的情况呢？记住，重要的是确定下一次需要避免的事情。

我们的大脑属于社交型的器官。监狱中最严重的惩罚就是孤立犯人，这证明了我们的大脑能够处理很多事情，但不能缺乏人际互动。我们的大脑通过社交活动而成长，并变得更好。在生命的早期，如果缺乏有意义的持续互动，我们就会陷入严重的心理问题和缺陷之中。我们的大脑主要通过外部刺激来开发和学习，而我们的社会环境起着非常重要的作用。虽然以后的章节中将会讨论领导者头脑微调的相关内容，但是，预防疲劳的普遍疗法就是在工作中形成恰当的社会互动。

我们在内部交流方面积累了丰富的经验。随着内部信息交流的改善，我们减少了上文中提到的“不匹配”项。例如，战略设计的双向内部沟通可以帮助领导者倾听团队的声音，并将正确的信息传达给合适的员工。在许多公司中，很容易对公司的价值观、目标、过程和结果进行全面的阐述和讨论，这也是改变不匹配的最简单方法。开放式沟通和信息交流对任何领导进行单独或集体抗拒疲劳都是必要的。即便在微观层面，公司内部的每一个良好关系也都建立在两个人或团队内部的及时、准确的互动沟通上。这真的是不可避免的环节。此外，微笑拥有神奇的效果。尊重他人，友善待人，为减少他人的疲劳征创造了适当的条件。但同样重要的是，你要随时在团队中正确处理任务的轻重缓急，并确保每个人都明白发生的事情，以及良好措施可以减少不匹配的原因。自我控制能力下降和疲劳综合征会损害你的领导能力。知道如何发现症状并及时治疗它们，将会帮你极大地提高自己的领导能力。然而，还有一个威胁脑力的条件，需要现代领导者来解决，那就是身兼数职。身兼数职可能是三大问题中最棘手的问题，因为我们在公司遇到的许多管理人员和董事深信，身兼数职实际上是积极领导力的特征之一。但是，身兼数职隐藏的危险比我们想象的要多。

身兼数职会削弱领导力

最近几十年来，工作内容的复杂性在急剧增加，它以多重不可预测的动态力量的形式塑造着我们日常的商业现实。技术和全球竞争只是外部环境的两个要素，它们以一种快速而无法预料的方式变化着。如果加上人口统计、全球政治、新兴的科学见解、高要求的客户和世界经济状况的变化，我们就不难理解现代领导者所经历的前所未有的压力。结果，新的产品管道、人才管理、股东价值回报和快速制胜，这些领域都是他们期望表现出色的地方，而不会有太多的机会雇用更多的人才。因此，许多公司的员工相信，身兼数职可以让他们同时完成更多的任务，从而成功地处理这种复杂性。这样奏效吗?

不！尽管大家普遍认为，身兼数职是超高效人群令人印象深刻的一项技能，实际上这只会让脑力下降，削弱领导者的能量。身兼数职会导致更多的认知损耗。你同时完成的任务越多，你的工作记忆压力就越大。这导致大脑的认知负荷越来越高，它的可用能量消耗得也越来越快。这对管理人员来说并不奇怪，因为在许多其他类型的系统中，业绩和负荷之间似乎存在着负相关的关系。同一时间做多重任务，可能会导致脑力拥堵，这跟电网、道路、音乐厅与河流的拥堵是一样的道理。为什么我们会误以为，大脑可以驾驭拥堵的局面呢？

的确，成年人在同一时间管理不同任务的能力比儿童和老年人要高。同样，教育和经验通常也能增强处理多重任务的能力，但有一定的限度。现代社会中我们所产生的信息负荷以不可思议的速度在增长，而且比大脑处理信息的能力快得多。正如科技门户网站 TechCrunch 所报道的，谷歌首席执行官埃里克·施密特在 2010 年的技术会议上说过，我们集体每两天产生的信息量等于 2003 年以前人类所产生的信息总量，这主要得益于由用户生成的数据在网上发布的极限速度。这一惊人的要求应该引起组织中每个人的警惕，因为我们目前迫切需要处理多重任务的方法。我们不应该把身兼数职当作增加复杂性、压力和信息的解药，而应该把它看作是一种疾病。身兼数职并不能帮助我们领导的大脑做出更好的决定，也不会帮助我们聚焦于正确的问题，更不会激励他人。相反，它会产生一种幻觉中的效率和来自于内在的冲动，因为在有限的时间内完成了多重事情而感到自豪。身兼数职实际上不是效率问题，而是一种自我感觉，掩盖了领导力特征的核心缺点。我们真的不能继续把领导工作当作另一项任务。三本松甲等人在 2013 年发表的一项研究，题为《谁在为什么而身兼数职？》（*Who multi-tasks and why?*），提出了一些惊人的见解，挑战了对职场中身兼数职者的积极态度。此项研究表明，那些认为自己可以身兼数职的人，实际上是高估了自己。他们在多重任务测试中表现很差。显然，他们做得甚至比那些认为自己不能身兼数职的人更糟糕，也没有太多地参与日常生活中的多重任务。这是一个惊人的发现。我们越是努力进行多重任务，越是认为自己在这方面出色，我们在现实中的效率就越低。如果是这样的话，为什么人们要这么做呢？通常情况下，喜欢身兼数职的人倾向于寻求刺激，并乐在其中。标榜自己善于处理多重连环任务的人，更容易冲动，总是竭尽全力同一时间做很多事情。“做”并不意味着“做对”。这样做可能感觉不错，令人振奋，但它并不能使我们成为更好的领导者。领导是非常重要的职务，但不是一个身兼数职的任务。领导力是沟通，是表现方式，是激励，是支持和发展，而不是大量完成传统的工作任务。领导力应该是管理人员的日常行为。如果同时做各种事情，试图同时实现多个目标，那么，我们最终会在领导力博弈中遭到严重损失。

这项研究还显示，自称能够身兼数职的人在控制自己的大脑执行功能时表现出了很大的缺陷。大脑执行功能指的是控制冲动，引导注意力和焦点，处理工作记忆，解决问题和完成任务的功能。认知负荷可以抑制所有这些因素，使领导者无法施加影响力。我们如何信任和追随一个表现出注意力不集中、工作记忆混乱、问题解决能力有限的领导者呢？我们不能。这就是为什么要特别小心处理多重任务的原因。身兼数职的人不能够同一时间在同一项任务中注入足够的关注度，并阻止注意力的分散。而且，由于复杂性的增加和难以控制的信息流，容易产生干扰项。企业需要在新的方向面前不易冲动的领导者；需要能够在挑战的海洋中坚定信念，带领他人走向正确方向的人。由于大脑中执行功能的局限性，同时处理的任务太多，就会削弱重要的执行功能，陷入非常危险的境地。真正给力的领导者就是那些懂得有选择地使用大脑的明智之人，因为这样可以确保他们有足够的注意力来解决问题、抑制冲动并进行推理。否则，这些功能将会减少至正常水平之下，从而导致领导者混乱、迷失方向并做出令人沮丧的行为。结果，领导者的自我控制能力将会大幅度下降。

从现实生活中学习：身兼数职的管理者

我们曾经给东南欧地区一家大型零售公司的业务发展总监提供建议，这让我们记忆犹新。他有着丰富的经验并在国际上取得过成功，他对自己和自己的团队充满信心。然而，2008年，经济危机对他所从事的这个领域造成了强烈打击，他不得不同时应对许多“磨难”。对他来说，这是一个新的挑战。因此，他努力承担更多的责任，试图面对多重任务引发的复杂局面。他每天工作的时间越来越长，每天都有很多任务。他对自己和他人的要求越来越高，产生的问题开始多于解决过的问题。他花了很长时间才明白，身兼数职是一种疾病，而不是一种途径。这是因为他把注意力分配到多个位置和热点问题的同时，产生了过多的刺激和短期业绩过分夸大的感觉。很明显，他的注意力、优先次序和决策的质量正在迅速恶化。幸运的是，他分析了早期的事故和身兼数职的潜在影响，并想出了新的方法。在我们的帮助下，他做到了如下几点：

- 授权他最亲近的人做一些关键的决定；
- 集中讨论每一次会议的核心问题，增加会议次数，但缩短会议时间；
- 组织自己的工作，使相关任务得到有效的分组；
- 在执行任务之前，留出时间反思和评估新信息和新任务；
- 增加整个团队工作流程的透明度，让大家随时知道发生了什么；
- 在完成每项任务之后，公司内部和外部都做到及时反馈以确保事情按计划进行；
- 在采取全新行动之前，先采取纠正措施；

- 尽量不接触不重要的信息，从而避免不必要的干扰；
- 在一周内举办几次和平的会议，以便更好地专注于手头的任务；
- 采用新的每周日程安排表，允许意外的发生。

该公司比竞争对手更快地度过了危机，并在这一过程中签署了一些更有利可图的交易合约。这家公司做得很好，因为领导的想法改变了公司内部的整个文化环境。公司的业务发展总监鼓励其他人遵循类似的路线。这场领导力博弈就此成功。

这个案例的一个有趣的细节是，在高压阶段开始时，我们的客户实际上在处理多重任务方面做得很好。三本松甲等人的研究也表明，一旦需要，非身兼数职者进行多重任务处理时做得比那些以身兼数职为豪的人更好。这意味着，如果没有别的选择，只能在短时间内同时执行多重任务，我们也不一定会在多重任务处理中遭遇失败。然而，如果这成为一种习惯，而我们又沉迷于完成多重任务的耸人听闻的高度，那么，我们将危及我们自己和公司。但是，我们必须指出的是，有一小部分的人可以被称为“超级工作者”，他们有能力处理多重任务，又不会造成相关的认知损耗。神经科学还无法解释这个现象。因此，如果没有相应的科学观察就认为自己是“超级工作者”，那不仅不可靠，而且还很危险。

特别提示

身兼数职、自我损耗和长期疲劳综合征，这些严重威胁着现代领导者和领导力实践。脑力对领导者至关重要，因为它直接关系到自控能力、高效的参与并执行任务。因此，给力的大脑可以造就给力的领导，反之亦然。你的脑力的守护者是你自己，你需要接受这样的事实。所以，请你保护自己的大脑，把它的能量引向最需要的地方。

提升脑力：工作任务和领导行动

把每天你在工作中想要完成的任务列个表；把你作为领导者应该采取的行动再列一个表；想想你要做什么来完成这两个表中的项目；想想这些任务和行动中哪些是关键的；想想你投入了多少时间专注于任务，又投入了多少时间专注于领导行动？你的大脑是否有足够的能量去兼顾这两方面？根据你在本章中读到的内容，你如何提高自己的大脑能量储备？考虑一下你的结论，也许你下次就用上了呢。

参考书目

Baumeister, FR and Tierney, J (2011) *Willpower: Rediscovering the greatest human strength*, Penguin Group, London

Foer, J (2012) *Moonwalking with Einstein: The art and science of remembering everything*, Penguin Books, London

Mischel, M (2014) *Marshmallow Test*, Transworld Publishers, London

Sanbonmatsu, DM, Strayer, DL, Medeiros-Ward, N and Watson, JM (2013) Who multi-tasks and why? Multi-tasking ability, perceived multi-tasking ability, impulsivity, and sensation seeking, *PLoS ONE*, 8, N. 1.

Siegler, MG (2010) Eric Schmidt: Every 2 days we create as much information as we did up to 2003 http://techcrunch.com/2010/08/04/schmidt-data/ Posted: 4 August

Swaminathan, N (2008) Why does the brain need so much power? *Scientific American*, 29 April

第二章

打破认知偏见：用清晰的头脑管理员工

看清眼前形势

下面是真相时刻：

有一位CEO即将在整个团队面前公布年度数据。最近，公司员工们一直在绞尽脑汁地思考具有竞争力的新创意。然而，新的市场参与者正在大肆蚕食其市场份额。这个团队第三季度的销售数据不尽如人意。不过，这位多年来一直备受尊敬的CEO已经采取了一系列大胆的措施来扭转公司的负面趋势。他是个魅力无限的人，他的信念也一如既往地坚定。他对改善这样的状况充满了信心，并提出了正确的见解。

年初，他聘请了一家研究机构来帮助自己更好地了解形势。他不能像以前那样毫不费力地解读市场了，这是他在漫长的职业生涯中遇到的第一次无奈时刻。他想深入研究市场。他与这家机构以及几个值得信赖的总监一起做出了大胆的研究，旨在衡量企业内部和外部的一切关键信息。花了几个月的时间来设计和实施这项研究，当数据出现时，他就清楚地知道需要做些什么。他感到自己又年轻了，因为他有能力看透所有的图表并捕捉到其中的意义。他清楚地看到了眼前的形势。他充满信心，向团队成员们说明了未来的任务。当女采购总监表达了保留意见时，他和其他总监竭力劝慰她，并向她保证一切都会好起来的。然而，年终的时候，当这位CEO走进办公室宣布结果时，他的面部表情已经说明了一切：负面趋势还没有消失。花了两年的时间，公司才得以复苏，员工们才明白真相。

管理者和领导者会感受多少次看清眼前形势时的兴奋感？当同事们从屏幕上的数据中看到最终的真相之后，曾经多少次在会议上惊叹？这些数据曾经多少次与现实背道而驰？大脑喜欢有一定的模式，因为这可以让大脑在高度不确定性的情况下感到安全。如果你感觉到那里有危险，不知道该怎么办，你也就不会做出太多行动。不行动比行动更危险，所以，大脑会设法找到线索，以便快速找出最好的选择，然后去努力争取。不管线索的质量如何，大脑都会把它找出来。因此，当选定的行动过程基于对形势的错误认知时，就会出现问题。虽然行动起来很愉快，但我们最终可能比行动前更糟糕。领导者应该做出决定，意识到这种大脑陷阱，以确保自己没有被大脑愚弄。只有这样，领导者才不会任由自己的行动去愚弄别人。

大脑以生存为目的的进化

在生活中，除了睡觉的时候，我们通常都是有意识的。有意识让我们有控制的感觉，因为我们可以观察自己的思想，看看我们何时、如何做决定。我们人类被誉为“智人”或“智者中的智者”，这并非偶然。我们是唯一具有先进自我意识和语言能力的物种。虽然其他动物也有自我意识，比如黑猩猩和海豚，甚至小小的喜鹊，但人类是动物王国中唯一从事复杂和精心思考的物种。不仅要思考，还要反思我们自己的想法，这种独特而优越的能力，长期以来被誉为“人类之所以是人类的最高标配”。17 世纪哲学家笛卡儿说过：“我思故我在。”早在公元前，亚里士多德就曾说过，理性是一种独特的人类能力，因此人类是理性的动物。甚至艺术美化了我们的思维过程，著名的思想家奥古斯特·罗丹的青铜雕像就是最好的体现。久而久之，出现了这样一个公理——思维控制着人脑或有能力控制大脑，因为这就是人类的天性。以大脑的执行部分为代表的思维，成为人类存在的绝对基准，也是绝对的技能和绝对的驱动力。但神经科学则正好相反。

人类大脑的绝对目的并不是思考。正如我们通常在讲座中所说的，每当我们专门使用思考的能力，实际上是一厢情愿的想法。思考是达到目的的手段，生存是目的。如果生存是目的，那么，大脑将利用自己的一切功能，以一种综合和明确的方式来支持这个目的。大脑根据生存的紧迫性和重要性评估一个特定的情况时，会使用不同的大脑功能来达到目的。在面对某种情况时，大脑很少优先考虑思维。这是因为大脑的执行功能在进化过程中要晚得多，也就是控制情绪、预测未来、估计后果的能力。大约 190 万年前，当“智人”首次出现时，大脑开始发展与高级语言技能相关的更复杂的额叶区域。大脑作为集中控制身体系统和行为的神经细胞，很早就存在于自然界了。在人脑的解剖结构中，最古老的结构通常被称为原始大脑，而中间的结构，通常被称为边缘系统，这部分对我们的行为产生的影响要比最新添加的大脑皮层所产生的影响大得多。每当我们在研讨会上要求人们绘制大脑时，他们就会画出大脑皮层，这似乎是我们大多数人联想到的大脑形象。其实，大脑的真正影响来自更深的内部结构。

更古老或原始的结构也被称为爬虫动物的大脑，这非常合理。它们代表我们大脑的基本功能，非常类似于爬行动物的大脑。比如脑干和小脑可以控制平衡、心率、呼吸和体温。正如丹•希尔（2010 年）在《情绪学：商业成功的情感杠杆》（*Emotionomics: Leveraging emotions for business success*）一书中解释的，事实上，这种大脑已经存在了大约 5 亿年。脑干和大脑半球之间的边缘系统或边界系统包括控制学习、记忆、动机和情绪的功能。实际上，这种大脑在自然界已经存在了大约 2 亿年。最后顺便提一句，大脑新皮层是三个器官当中最年轻的，在不到 200 万年前就获得了更高级的特性。我们为什么会相信最年轻的就是最强壮的呢？通过检查大脑中的神经模式，我们颠覆了思维在大脑顶部的概念。从边缘系统到新皮层的信号比周围的信号强 10 倍。最令人惊讶的是，大脑皮层的活动仅占大脑活动总量的 5%。大脑的首要任务是生存，思考则排在所有功能之后。从进化论上说，这是很有道理的。

每当我们向企业管理人员陈述这些事实时，他们都会感到惊讶。我们的大脑是一个逻辑机器，任何相反的证据都会给你带来惊喜，而且往往是不可信的。这种认识对公司领导人做出决定的方式产生了深远的影响。逐渐清晰的是，当我们的大脑对主要由隐藏的旧力量驱动的刺激产生期望的反应时，领导者们就会开始改变他们做决定的方法。他们对自然产生的逻辑的信心开始动摇，之后他们会重新开始。

大脑的意识模式

那么，为什么我们如此喜欢这些模式呢？无论是在就业和客户趋势、新技术发展、宏观经济周期还是在投资变化和政治决策上，都有待发现的模式。例如，促成或破坏我们业务的模式，加强或破坏我们领导地位的模式。我们就是忍不住，因为这些模式让我们快乐。多巴胺应该承担责任，它是大脑中一种非常有影响力的化学物质，与奖赏机制有关。每当我们发现一种模式，我们的大脑就会与记忆刺激相匹配。这意味着，每当出现新的情况，比如看到电子表格上的最新数据或遇到市场上的新竞争者时，我们的大脑就会拼命地搜索记忆，以便将这一新信息与现有信息相匹配。通过组合各种旧信息找到一个完整的匹配或创建一种新的处理模式，将具有同样的效果，大脑会分泌多巴胺。没有模式就意味着没有解释，没有解释就意味着更多的不确定性，不确定性就意味着没有生存。总之，模式可以创造控制的感觉，因为它们增加了我们的生存机会，这包括现实机会和虚幻机会。这是一种非常有效的进化机制，它促使我们的大脑总是寻找新模式，从而确保我们作为一个物种延续下去。

多巴胺不可小觑。它是大脑中非常强大的奖赏荷尔蒙和神经传递素，释放的时候可以创造出巨大的快感。不是所有的模式识别都会释放大量多巴胺。模式识别是一种正常和自动化的大脑功能，可以帮助我们识别熟悉的面孔、符号和音乐。如果在白天，每种简单的模式识别都伴随着大量的多巴胺，那将是灾难性的。当模式达到非常困难和不可预知的程度时，模式识别才会产生巨大的快乐。当它最意想不到的时候，当没有人看到它的时候，也就是我们从中得到最大乐趣的时候。这是由于多巴胺的“预测误差”功能所造成的。当人们受到不曾期望过或令人惊讶的奖赏时，多巴胺就会释放出来。本章开头的示例以非常明确的方式展示了这一机制。当情况危急，利害关系重大，没有人知道该怎么做的时候，模式识别给那位CEO带来了最大的回报。最初，他无法解读这些迹象而疲于应付眼前的数据，所以回忆起了与当下形势相符的旧模式。于是，他感到兴奋，青春焕发，充满信心。

来自世界各地的高管不断向我们解释他们工作的动态性。他们的日常议程中隐藏着不可预测性，他们必须做出的每一个重大决策都非常复杂。他们有责任看到全局，并提出解决办法，以激励他人。同时，他们需要尽可能准确地看清局势。因此，模式识别是他们在非常具有挑战性的环境中发挥作用的一个关键，而多巴胺“潮涌”正在每个角落里等待着。做出一系列错误预测的领导者最终会失去他们的追随者和他们的工作。因此，对于现代组织中的人们来说，意识到这种大脑陷阱比以往任何时候都更为关键。

我们不可避免地可以在数据、人们的行为和市场趋势上看到大脑模式。这是我们大脑在确保我们生存的进化作用。通过确保我们检查了所有可能的观点，注意到不同的观点，就有可能避免出现潜在的错误模式。模式识别从我们的大脑深处浮现出来，重复检查和交叉检查应该是对来自我们大脑顶部的模式识别的直接反应。请永远记住，寻求大脑模式的潜力是无限的，但它们也可能是你未来领导力的特洛伊木马，陷阱重重。

小集团思维

常言道：“团队里不止你一个人。”这句话的意思是，在团队中，你必须优先考虑团队利益。隐含的意思是，团队合作可以为集体利益消除个人声音。但如果这些孤立的个人声音是对的，而团队的声音是错的，怎么办呢？

大家可能还记得，在本章开头的例子中，有一位总监表达了她对那位 CEO 提出的模式的担忧。但她立即遭到了 CEO 本人和他的大脑模式的抵制。最后，她同意了 CEO 的观点，不久她就成为了团队背后的受害者。在灾难性的一年结束后，她成了第一批离开公司的人之一。

在公司中，发现团队陶醉于某一个创意，并以此创意作为解决他们全部或大部分问题的灵丹妙药，这并不罕见。从一个新的企业资源规划系统，到一项重塑品牌的重要措施，从一个新的高级招聘，到一款扭转乾坤的创新产品，团队经常陷入小集团思维的陷阱。我们在集体培训和咨询业务中遇到了很多次小集团思维。它通常首先表现为一个经过验证的解决方案，然后作为一个强有力的团队承诺，最后才揭示它的真实面目，那是一个无人有权挑战的教条主义思想。对此出现了很多研究，主要是社会心理学领域的研究。这种现象是由美国心理学家欧文·詹尼斯率先提出的。1982 年，他在《小集团思维：决策及其失败的心理学研究》（*Groupthink:Psychological studies of policy decisions and fiascoes*）一书中提出，小集团思维就是小派系内部不愿意或不擅长看到一个真实的决策或行动的替代方案。政策的决策群体，可能会变得很有凝聚力，而且因为受到过去成功的影响，他们的领导者可以轻易对团队成员们的糟糕决定进行无条件支持。有大量的实验室研究试图验证詹尼斯的论点。他们中的许多人已经证实，具有适度凝聚力和更实际的集体信心的团队做出的决策比其他具有较低或较高凝聚力的团队更好。相比之下，后者受到小集团思维的影响会做出很差的决策。

根据小集团思维的神经系统，我们再次见证了更深的大脑结构和执行区域之间的相互作用，特别是旧脑（边缘系统又称为旧脑）统治着新脑。在无处不在的生存欲望的驱使下，大脑将推进有利于群体同质性的议程，而不是挑战现状。在某些情况下，受欢迎的创意来自有魅力的、全能的团队领导者，而其他人似乎都会热情地支持它。小集团思维中“你要么支持我们，要么反对我们”的观念威胁着每个人的大脑，并暗示如果是后者，将意味着可怕的后果。这是我们选择的结果，但最有可能的是，它已经被我们的大脑接受了。

实践

为了保护你的团队免于小集团思维的侵蚀，你可以做下列事情：

- 安排一两个团队成员，他们可以始终批判性地评估这些决策。这些成员可以根据具体情况改变自己。
- 在这个过程中，使用不同的团队来探索相同的问题，避免跨团队的交流。
- 避免只使用专家参与决策过程，可以邀请经验不足的人或局外人参与进来。这样你就可以得到更多的新鲜意见和未经探索的创意。尝试上面的操作。此外，你还需要考虑通过其他方法去观察一支优秀团队的现状，但不能冒着失去团队凝聚力的风险。

认知偏见的威胁

结合模式识别和小集团思维，针对管理者做出错误决策和参与误导行为的情况，出现了大量的自动大脑反应。那些更深层的大脑结构，古老的爬行动物大脑的边缘系统，以生存作为几千年来的首要任务，它们应用的是快速和不受控制的思维。它们非常强大，把我们的行为和它们的愿望放在一起，几乎不给执行大脑进行战略影响的机会。但是，令人困惑的局势到底有多严重呢?

认知偏见在许多学科中都得到了很好的研究（哈塞尔顿等，2005 年）。当紧急情况加剧，信息混乱，我们的社会环境建议整合信息时，就会频繁发生认知偏见。我们的大脑在信息处理中的自然限制会导致自动化模式去接管，从而形成特定的行为。理性被忽略了，它退居二线，而驱赶者是一个主观、封闭、冲动并自我肯定的人。这个人只关心基于已知和舒适的快速反应，风险是不被接受的。因此，在探索和实验中消耗能量，会被大脑视为在从更可靠的重复性行为中剥夺重要的能量。对于有抱负的领导者来说，这不是一条很好的途径。

认知偏见的威胁是永远存在的，而且可以在任何情况下显现。当你给人们贴上刻板印象的标签时，当你不接受新的矛盾信息时，当你相信自己的记忆并经历太多时，当你置身于宇宙的中心时，认知偏见就起作用了（艾瑞里，2008 年；卡尼曼，2011 年）。大脑没有给前额叶提供足够的能量去对情况进行更客观的分析，它偏爱依靠低能量要求的神经模式，仅看清事物应该是什么样子，而不是事物真实的样子。正如我们在 20 多个国家的数百家公司中所发现的那样，我们现代的企业环境培育了企业文化，促使人们经常面对偏见。

企业文化与偏见

对《圣经故事》的社会心理学研究揭示了企业是如何滋生偏见思想的。1973 年，达利和巴特森发表了关于好心的撒玛利亚人的寓言故事的经典论文。这个寓言是关于一个人不带任何私心地帮助一个非常需要帮助的人。这两位科学家在普林斯顿进行了一项实验，要求学生们到一座楼里去谈论撒玛利亚人和另一个不相关的话题，然后让学生们去另一栋大楼参加考试。两位科学家要求一些学生匆匆赶到另一幢大楼，而另一些学生则不需要那么匆忙。在去另一栋楼的路上，所有的学生都会经过一个请求他们帮助的人，而且看起来他真的需要帮助。谁帮助得更多？令人惊讶的是，上述的寓言故事并没有对学生看到这个需要帮助者的反应有什么影响。对他们的行为有实际影响的是紧急情况：被要求快速到达另一栋楼的学生中只有 10% 停下来帮助那个人，60% 以上的没必要这样匆忙的学生停下来帮助了那个人。

全球许多公司都有自己的企业价值观，讲述了与好心的撒玛利亚人相似的故事。以客户为中心、以解决方案为导向、以团队为支持、以员工为提升、以社区为焦点，是我们在世界各地的企业资料中经常遇到的价值观。我们在公司内部实际上看到的是，紧迫性干扰了这些价值观，公司会优先考虑以自我为中心的短期目标。一个紧迫的截止日期、下一个大项目开始、你需要今天就准备的明天的晨会、不像预期的那么好的最新数据、想要的越来越多的主管，以及其他紧急呼叫，这些状况创造了培养自动行为、绕过前额叶和认知偏见的文化。不管商业中的好行为讲得有多好，当前面临的压力降低了大脑将能量引导到能提出正确问题的重要思维结构的能力。不要问我们正在做什么，最重要的是，我们不能停下来问有需要的人“我能帮什么忙？”或者“我怎样才能使情况好转？”就像普林斯顿实验一样。在现代企业中，向我们的团队同事、下属、领导、其他部门的人，当然还有我们自己，提出诸如此类的问题，对避免偏见和下意识的反应至关重要。但要做到这一点，我们必须开始提问，但不要着急。

一项关于兴奋改变行为意图的研究也有助于支持更为周到和善于反思的企业文化。艾瑞里和勒文施泰因（2006 年）要求学生回答在道德行为上的问题。让他们在处于兴奋状态时回答同样的问卷，答案截然不同。这就生动地展示了，当特定的大脑区域被唤醒时，良好的意图可以被抛之脑后。我们知道在平静时更容易做正确的事情，但是，当兴奋时，我们会做出不同的反应。这项研究的重点是性兴奋，但结果并不局限于这种大脑活动。兴奋包括激活我们的自动神经系统，会导致心率加快、血压升高和对外界刺激的极度敏感性。在这种情况下，理性思维失去控制，大脑能量更多地表现为更加冲动和预先计划的反应。我们的企业价值观可能会促进理解、协作和反思的一切伟大价值，但是，我们在工作中不断出现的紧迫感和精神压力使我们比以往更屈从于我们的偏见。解决问题的办法就是要提出更多的问题。

学会提问

实际上，对付认知偏见最可靠、最简单的管理武器就是提问。提正确的问题，甚至是一些错误的问题，为挑战自动反应创造适当的条件，从而揭示了任何可能出现的偏见。提问是指在行动之前就进入观察的心理状态。插入这种中介步骤，可以最大限度地减少偏见的直接影响。不要让大脑直接从刺激跳到过早的结论或误导的行为反应当中，多多提问可以起到阻止作用。也就是说，提问可以快速中断神经过程和冲动活动，将更多的脑力转移到思考和反思功能上。

社会中的公司和其他机构提出问题的能力终于得到了人们的关注。根据信息查询的主要倡导者沃伦•贝格尔（2014 年）所说，自从我们出生的那一刻，我们的大脑就开始渴望信息，在 2~5 岁之间，一共可以提出 4 万个问题，4 岁的时候每天都要问 300 个问题。然而，在 5 岁时，提问的速度达到高峰，之后很快就会下降。这是因为我们已经在家里、学校里建立起“反询问”文化。我们不是把鼓励提问作为大脑学习和改变行为的最自然的方法之一，而是把它中和了。当你面对“这就是事实”和“这就是我们做事的方式”的讲话态度时，你马上就会知道你处在一个对信息调查怀有敌意的环境中。但提问只是一个开始，提出正确的问题同样重要。休梅克和克虏伯（2015 年），基于其广泛的企业调研，对成功领导者提出的关键问题进行分类，总结为以下 6 组问题：

1. 让你跳出固有思维模式，并揭示更广泛市场趋势的潜在含义。
2. 帮你探索未来情景，并分析每个情景中主要的外部不确定性。
3. 帮助你成为一个从多个不同角度审视每个问题的人。
4. 部署多个镜头来发现难以看到的联系，从而帮你识别正确的模式。
5. 评估众多备选方案及其意外后果，给你提供更多的新选择。
6. 帮你快速从失败中学习，并以此作为立即改进和进一步创新的来源。

对他们来说，长期领导成功的起点不是答案而是问题。上面的列表是非常有效的方法，可以消除认知偏见，限制大脑对已知事件的困扰。

实践

使用上面的框架，试着针对这 6 组问题中每一组再开发一些问题，试着考虑一些具体的情况来提问。然后鼓励你的一些员工或团队成员做同样的事情。你能从中找出区别吗？

苏格拉底有句名言："我唯一知道的就是我什么都不知道。"他的问题很有说服力，最终导致了自己被判死刑。像古代这样变化缓慢的社会，人们不喜欢挑战现状。以前经营稳定的公司，并没有真正培养出一种探究的文化。今天的情况大不一样了。CEO 们以质疑、支持和学习的力量扭转公司局面的例子，已经很普遍了。在极具挑战性的 2008 年经济危机后，美国家得宝公司的 CEO 弗朗科 • 布莱克带领大家扭转公司局面。当时，他刚刚接任 CEO 的位置（2014 年），对公司和本行业了解甚少，但他却做到了。他致力于各个层次的质量和生产力的检查，他建议他的主要管理人员在商店里进行徒步宣传，这引发了正确的变化，提升了顾客满意度，带来了更高的共享价值。提问的力量给你大脑的理性部分带来了更多的能量，并最大限度地减少神经短路的影响。你想成为哪一种领导者呢？

提问的技巧

提出正确的问题还不够。我们还需要以正确的态度进行提问，以确保结果对所有人都有利。我们经历过总监们以非生产性的方式进行的积极提问。很多时候，这种提问会造成一种非常不舒服的氛围，提问看起来更像是审问，而不是合作思考。请看下面几种提问风格：

表 2.1 提问风格矩阵

		参与度	
		积极	消极
态度	建设性的	优秀的提问者	好的倾听者
	非建设性的	讨厌的审问者	暴脾气的孤独者

我们把上述表格归纳为 4 种提问风格：

• 优秀的提问者。领导者积极参与谈话，通常作为发起人和引导者。所有的讨论都是友好的、创造性的，而且没有错误的答案。目的是共同发展。

• 好的倾听者。领导者总是乐于回答问题并提供反馈。讨论的开始阶段主要由其他人来做。倾听、引导和决定是其主要的特征，但是以被动的方式进行。

• 讨厌的审问者。领导者提出的问题很难回答，甚至有冒犯性，主要目的是使别人感到自卑和无能。这样的领导者令人畏惧，但不受尊重。

• 暴脾气的孤独者。领导者被他们自己的选择所孤立，给出的每一个信号都让别人避而远之。而且容易让人经常受到惊吓或感到不安，看起来一切都毋庸置疑的在他的严格控制之下。另外，吹毛求疵的问题很多。

领导力矩阵中最重要的是优秀的提问者，这类领导者具备值得我们提倡的必要品质。改变偏见可能并不容易，但为了克服偏见和其他思维短路，我们有必要走近并了解优秀的提问者。

实践

通过使用上面的矩阵，试着评估一下自己，看看自己属于哪一种风格。写下你要做的事情，看看自己可以归为哪一种风格。再想想你需要做的事情，看看自己又可以归为哪一种风格。然后写下你自己的想法。这一点很重要，因为它可以帮你针对这些问题进行更加有条理的具体思考。

从现实生活中学习经验：两个领导的故事

- 领导 A 在正确的时间提了正确的问题，询问了正确的人。
  领导 B 从不提问，他不想显得软弱。
- 领导 A 鼓励独立思考。
  领导 B 允许你在会议中表达任何意见，但是不可以违背他的意愿。
- 领导 A 总是仔细检查数据——一次又一次。
  领导 B 粗略地看一下数据，然后着手执行，因为这种模式总是显而易见。
- 领导 A 的口头禅是“据我所知”。
  领导 B 的口头禅是“我说的都是真理”。
- 领导 A 在局外人跟前暴露自己的想法。
  领导 B 只对局外人的无关观点表示怀疑。
- 领导 A 要求团队对决策和项目进行个别和集体的反馈。
  领导 B 没有时间反思，只有开始下一个项目的时间。
- 领导 A 支持涉及多个样本和各种数据收集方法的研究。
  领导 B 多年来一直采用同样的研究方案，因为它经过了测试并起过作用。
- 领导 A 以富有成效、开放的态度参加研讨会、工业会议和培训。
  领导 B 经历一件事之后总是说：“我早就知道了，没什么新鲜的。”

- 领导 A 关注推特、博客和出版物上不同领域的顶尖思想家。

  领导 B 不追随任何人（至少不公开追随），认为其他人应该追随他。

- 领导 A 允许自己在白天有规律的休息，长时间的休息利于他进行思考。

  领导 B 认为休息是弱者干的事。

- 领导 A 对他自己或别人身上发生的偏见感兴趣，总是对他人保持礼貌和温柔。

  领导 B 从不认为错误的想法来自他的偏见，因为他的想法都是基于纯粹的理性。他认为，除了他以外，其他人都充满偏见。

- 领导 A 仔细地考虑每一个意见（但不一定达到同样的程度），甚至会在办公室以外和与工作无关的人交谈。

  领导 B 从不跟办公室外的任何人谈生意，只是吹嘘自己的成功。

- 领导 A 测试并使用最新的应用程序发展生产力、进行协作并生成创意，喜欢实验。

  领导 B 使用电子邮件和电子表格。他讨厌实验，认为做实验就是不知道自己在做什么。

不幸的是，我们必须应对正好处于这两个极端之间的人。虽然没有人拥有领导 A 或领导 B 的所有特性，但我们经常发现，大多数特征都可以归类。这两种管理类型符合菲利普•提特罗克（2005 年）对政治预言家的经典分类，比如，狐狸型和刺猬型。在学术著作《专家政治判断：有多准？我们怎么才能知道？》（*Expert Political Judgment: How good is it? How can we know?*）中，他探索了如何让人们利用一位希腊诗人说过的话来更好的预测政治结果——狐狸知道很多事情，刺猬只知道一件重要的事情。在提特罗克被广泛接受的观点中（西尔弗，2012 年），人们的普遍态度严重影响了他们的思维和预测能力。

狐狸型的人思想开放，懂得为错误负责，他们不断学习，相信世界是一个复杂和难以预测的系统。刺猬型的人固执，总是试图证实旧的信仰，不听取外人的意见，乐于根据现有的理论解释一切。总之，狐狸是比刺猬更好的预言家。领导 A 就是狐狸型领导，他的大脑得到了更好的校准，成为了动荡和混乱时代的伟大领导者。领导 B 很恋旧，属于刺猬型领导，如果他不迅速改变，必将走向灭亡。

情绪劫持

我们在了解大脑对领导力和人类行为的普遍影响后，从中所学到的最重要的经验之一，就是大脑中存在着生存协议。大脑有它自己的古老协议，深深植根于隐藏的神经网络中，在极端情况下被激活，以确保我们的生存。

我们机构中有个人在 90 年代末发生了车祸，没有人在这次事故中受重伤，但非常明显的是，因为快速的知觉中断，他们在撞车的那一刻是没有意识的。在撞击后几秒钟内人们才会意识到，采取必要的步骤以最小的伤害去逃生是至关重要的。然而，最大的问题是，在撞击的确切时刻，是谁决定关闭意识的？这肯定不是一个合理的决定，因为所有事情都发生在一刹那间。寻找答案会让大脑意识到，当决定某个情况是关键时，它会运用自己的规则。外部刺激通过我们的感官传递到大脑，大脑比思维速度更快，决定如何对待规则。在事故发生时，大脑决定关闭感知，以避免大脑系统受到冲击而堵塞。如果休克，那么，行为可能不会为了生存而接受优化（戈尔曼，1998 年）。我们可以称这种协议为劫持。但是，仅仅在极端情况下，更原始的行为会劫持大脑执行功能吗？不，每天都会发生这样的情况。现代领导者需要特别注意一种对日常的清晰思维产生威胁的大脑劫持机制，这就是所谓的杏仁体劫持，也叫情绪劫持。

杏仁体是大脑边缘系统的一部分，正如前面所描述的，它是一个与记忆、学习、动机和情绪有关的系统。在这个系统中，杏仁体扮演着生存的情感守护者，决定是否以及何时干预，干预意味着接管。杏仁体通常与情绪学习联系在一起，因为它让外部事件结合内部记忆来选择最佳的行动。如果外部事件可能会引起强烈的不愉快记忆，那么，它决定通过阻止理性的过度思考来控制。在危险情况下，没有多少时间进行辩论和商议。因此，杏仁体也与压力、焦虑、恐惧和攻击有关（戈尔曼，1996 年）。对于领导者来说，这意味着日常工作中的杏仁体可以威胁和劫持到更高的思想，且导致严重的后果，包括不稳定的行为、不信任他人、缺乏自信、缺乏决策能力、业绩下降、无法读取人类信号和数据信号、以自我为中心、短期思维、误解和误传、不由自主的迅速反应和仇恨心理。这些并不是激励个人的理想特质。

我们对情绪劫持并没有防备。我们还有很多事情可以做。谢菲尔德大学的史蒂夫•彼得斯教授（2012 年）在《黑猩猩悖论》（*The Chimp Paradox*）一书中提出了一种大脑管理模式，由此，他帮助运动员和其他高成就者有效地处理这样的劫持事件。按照他的说法，我们身体内部的“黑猩猩”，比我们有意识的意志要强大 5 倍，它用有毒和可怕的思想攻击我们的思维来影响我们的行为，例如，“我不能这样做”“他们都反对我”。典型的说辞如下：

事情不会像我所希望的那样进行——外部问题；

我觉得自己并不适应面前的任务——内部问题。

生活在我们脑海中的“黑猩猩”有能力推翻我们清晰的思想，若要对付它，首先要接受它，避免与它争斗（它比你强大）。我们需要观察它的行动和冲动，让他长期处于缺乏安全感的状态之下，以便去培养它更好的一面。最后，我们可以通过分散注意力和奖赏的方式去管理它。分散注意力可能会有效限制“黑猩猩”充分表达自己；奖赏就是当“黑猩猩”反对的工作已经完成，或者部分完成的时候，给它喜欢的东西，比如，早上回顾了难搞的报告之后，可以开始第一次咖啡时间。

处理情绪劫持的另一个物理学方法就是艾伦·沃特金斯博士在《凝聚：卓越领导力的秘密科学》（*Coherence: The secret science of brilliant leadership*）一书中所倡导的。沃特金斯博士（2013 年）提出一种呼吸放松法，可以平息一个充满恐惧的大脑导致的不规则的心脏跳动。我们心脏每天定时、平稳、有规律地跳动，对压力反应有着显著的影响。这种方法可以给心灵以适当的空间去发展有益的情感和思想。如果忽略劫持生理的行为，则属于战略上的错误，会降低应对能力的成功率。我们总是建议我们的客户在感到气愤或恐惧的情况下稍事休息。最流行的建议就是，生气时不要发电子邮件，而是把它留到第二天，这是由于生理学和心理学的相互依赖而产生的。散散步，保持平静而有规律的呼吸，让你的人体系统有足够的时间去清除因侵略和恐惧而产生的化学物质。这些简单的行动在提高你的领导绩效方面有着超乎想象的作用。

管理劫持的关键问题是意识到情绪劫持，并将之与你分开。如果你对待这些消极想法的时候，是真正对其感兴趣，而不是宿命论式的接受，那么，这项工作已完成一半。你的想法不一定是你自主思考的。虽然你不能轻易决定你脑子里想的是什么，但你可以决定如何处理这些想法，尤其是当你的身体处于平静状态的时候。你应该用清晰的头脑领导你的员工，而不是内心的“黑猩猩”。

特别提示

我们的头脑永远无法摆脱由旧的大脑结构所造成的非理性的影响。然而，我们可以抵制多巴胺的模式识别和认知偏见，了解我们内心中驱使我们做最好的自己的“黑猩猩”，以便获得更加清晰的情绪反应。不断地提出正确的问题，创造一种重视辩论的文化，将在我们的日常领导力挑战中起到推动清晰思考的战略作用。这反过来可以让我们能够给自己的团队提供更明确和更有意义的指导。

提升脑力：管理你和你的"黑猩猩"

想想你大脑中的"黑猩猩"。列一个清单，记下你在遭遇"黑猩猩"控制时所做的事情。主要情况如何？你能对那些情况进行分类吗？然后，再列一个清单，你作为领导者，需要采取哪些潜在行动去控制自己的"黑猩猩"。得出你的结论，下次这些情况发生时，你要心知肚明。

参考书目

Ariely, D (2008) *Predictably Irrational: The hidden forces that shape our decisions*, HarperCollins, London

Ariely, D and Loewenstein, G (2006) The heat of the moment: The effect of sexual arousal on sexual decision making, *Journal of Behavioral Decision Making*, **19** (2), pp 87–98

Berger, W (2014) *A More Beautiful Question: The power of inquiry to spark breakthrough ideas*, Bloomsbury, New York

Darley, JM and Batson, CD (1973) 'From Jerusalem to Jericho': A study of situational and dispositional variables in helping behaviour, *Journal of Personality and Social Psychology*, **27** (1), pp 100–108

Goleman, D (1986) *Emotional Intelligence: Why it can matter more than IQ*, Bloomsbury, New York

Goleman, D (1998) *Vital Lies, Simple Truths: The psychology of self deception*, New Edition, Bloomsbury, New York

Haselton, MG, Nettle, D and Andrews, PW (2005) The evolution of cognitive bias, in *The Handbook of Evolutionary Psychology*, ed DM Buss, pp 724–746, John Wiley & Sons Inc, Hoboken, NJ

Hill, D (2010) *Emotionomics: Leveraging emotions for business success*, Kogan Page, London

Janis, IL (1982) *Groupthink: Psychological studies of policy decisions and fiascos*, Houghton Mifflin, Boston

Kahneman, D (2011) *Thinking, Fast and Slow*, Farrar, Straus and Giroux, New York

Peters, S (2012) *The Chimp Paradox: The mind management program to help you achieve success, confidence, and happiness*, Vermilion, London

Reingold, J (2014) How Home Depot CEO Frank Blake kept his legacy from being hacked, *Fortune*, 17 November

Schoemaker, PJ and Krupp, S (2015) The power of asking pivotal questions, *MIT Sloan Management Review*, **56** (2), 39–47

Silver, N (2012) *The Signal and the Noise: Why so many predictions fail – but some don't*, The Penguin Press, New York

Tetlock, PE (2005) *Expert Political Judgment: How good is it? How can we know?* Princeton University Press, Princeton

Watkins, A (2013) *Coherence: The secret science of brilliant leadership*, Kogan Page, London

第三章

重视大脑可塑性：适应多种思维方式

一切为了销售吗？

有一位职业女性欣然接受了某公司的新职位，负责全球销售业务。该公司的CEO已经明确表示，他完全信任她。他还强调，她将制定新的销售策略，使该公司与其他全球玩家齐名。公司的未来掌握在她手中，她也干得非常棒。她的人生准则是，无论何时何地遇到艰难任务，她都不会畏惧。她的自信建立在正确区分轻重缓急、卷起袖子加油干、时刻准备着克服一切难题的基础之上，而且，成果一直很不错。现在，她担任了职业生涯中最重要的角色，可是，她真的发挥作用了吗？

刚开始时非常好。她从同行和几个经验丰富的顾问那里得到了关键信息，自己制定了主要的战略方向。这一战略经过了深思熟虑和精心分析，已经得到董事会的好评。这是一个大胆的计划，包括许多创新的方法。这是一个具有挑战性的时代，需要新的思维和深刻的改变来解决新的问题。剩下的就是将计划提交给区域销售主管，以便尽快在全球范围内实施。她以前也做过很多重要的报告。然而，这次是她职业生涯中最重要的报告。当然，她晚上不睡觉，努力完善每一句话，仔细设计每一张幻灯片，一次又一次地排练。在进入大厅之前，她在脑海中一遍遍地重复这些数据，并确保一切都按照正确的顺序进行。她意识到，这些改变很难让人信服，但她也知道，报告中的每个词和数据都有助于公司生存。他们都希望公司做得好，对吧？如果不是那样的话，她为什么这么努力工作？如果不是为了更多的销售额，那是为了什么呢？

尽管报告和展示的视觉效果非常出色，数据清晰，她的声音和手势都很有说服力，却没有给人留下深刻的印象。当然，每个人都承认了报告的使用价值，只是缺少了一些重要的东西。即便是在宴会上跟她进行简短谈话的CEO本人，也谈到了报告前后房间的氛围都相当冷。第二天早上，她做了一切相关的努力：卷起袖子，开始更加努力地工作，以使计划成真。第一阶段的执行情况显示，区域总监们表现不错，但不如她所愿。其中一些人做得很好，但总的来说，他们改变自己的方式并不像预期的那样充满动力。老实说，即便她并不像自己想象的那样热情，但至少在计划开始时她充满了活力。她也觉得确实失去了一些东西。学习和改变对每个人来说都是缓慢而痛苦的。几个月后，她辞职了。她不再有内在的动力去推动自己前进，使自己像过去那样卖力。发生了什么事呢？任务是明确的，数据是强大的，一切都是为了成功。但是，万事俱备，只欠东风——大脑。

老实说：伟大的领导与伟大的业绩可以携手并进。我们卓越的表现和影响他人的能力并不取决于我们传统的绩效观念，即各种技能、能力、时间、资源和指导。它主要取决于我们大脑对手头任务重要性的识别，并产生成功所需的承诺、耐力和变化的能力，而不管障碍、失败和缺点等因素。这种能力来自一种非凡的大脑特征，在第一次出现时会让所有人都感到惊讶。显然，我们的大脑会使我们的生活发生很大的变化，这种变化可以完全决定我们的努力成果。

拥有可塑性大脑

大脑永远都不会保持不变，它在不断地变化。大脑是一个不断运动的神经元动态系统。这个惊人的事实使神经科学受到了风暴般的打击，并否定了过去长期持有的信念，即所有脑变化只发生在我们小时候。据心理学家兼神经学家伊莱恩·福克斯（2013 年）在她的《大脑的雨天和晴天：如何重新训练你的大脑以克服悲观主义，获得更积极的前景》（*Rainy Brain, Sunny Brain: How to retrain your brain to overcome pessimism and achieve a more positive outlook*）一书中指出，在 20 世纪 80 年代，曾经有一个主流概念，即大脑是一个生物静态器官。这意味着，大脑的结构和性质在我们的成年生活中并没有内在的变化。所以，我们一辈子或多或少都被大脑困住了。我们的职责是：第一，确保我们没有以任何方式破坏大脑；第二，尽可能使用大脑。虽然经过事故或疾病之后，大脑可能总是变得更糟，甚至永远也不会好转。而且，我们大脑的上限是固定不变的，我们无法彻底改善其学习能力和表现。这就是智商测试如此重要的原因。人们通常以为，我们有稳定的大脑容量，可以测量并计算出大脑的潜力。但事实并非如此。

20 多年来，我们已经知道，大脑什么都好，就是不够稳定。我们的大脑是可塑的，也就是说，大脑具备重塑自己的能力，可以在神经元之间创造新的突触，这取决于我们身体内部和外部发生的变化。这种能力被称为神经可塑性，我们认为，它已经改变了我们衡量大脑和我们的生活能力的方式。实际上，我们使用大脑的方式可以改变大脑，并扼杀以前的观点：大脑中的物质是刚性的“硬件”，而我们的思维仅仅是“软件”。神经可塑性表明，我们的“软件”可以改变“硬件”。这一点很难理解，因为，为了改进我们的智能设备，我们需要购买硬件升级和技术插件。相反，提到我们的大脑，“硬件”升级可以通过升级“软件”或者改变我们的行为来实现。由乔普拉和坦齐（2013 年）在他们合著的《超级大脑》（*Super Brain*）一书中很好地描述了这一理论：

神经可塑性是物质的，更是精神的。当你的思想促进新的神经生长时，精神就会转化为物质……我们的大脑非常有弹性；神经可塑性的奇妙过程在你的思想、感情和行动中赋予你能力，在你选择的任何方向上前进。

我们的大脑重塑其神经元之间连接的非凡能力，已经导致了现在的一个著名术语："一起激活的细胞连在一起"（cells that fire together, wire together）。这实际上表明，我们越是使用特定的神经通路，这些通路就会越强大。这种神经活动的优点很多，但也有缺点：首先，神经元之间的连接可能变得太强，没有太多的灵活性和变化空间；其次，不经常使用的区域可能会变得非常薄弱。在神经可塑性方面有一个名句："你不使用它，就会失去它。"它实际上意味着，如果你不适应和进化，你不只会保持和以前一样，事实上，你会恶化自己的神经元和神经元之间的连接，有的任务执行起来也会比以前更艰难。最终，你的认知能力和职业技能会变得不堪一击。

在一个不可预测和不断变化的环境中，组织需要跟上来自各处的变化，领导者的大脑需要不断地适应和发展。神经可塑性可以成为我们最好的朋友，也可以成为我们最坏的敌人，这取决于我们如何使用自己的大脑。神经可塑性通过不断学习的过程而为领导者服务，因为学习是神经元建立新的连接和路径的主要燃料。英国著名心理学家布鲁斯·胡德（2014 年）在《驯化大脑》（*The Domesticated Brain*）一书中明确指出，即便在成年时期，只要我们不断学习，大脑就会有积极的可塑性。学习是可塑性的关键，因为它是现代领导者提高业绩的关键。百事的董事长兼 CEO 英德拉·诺伊（2014 年）在《财富》杂志中给专业人士提出了如下建议：

永不停止学习。无论你是学徒期的雇员还是 CEO，你不可能什么都懂，承认这一点不是软弱的象征。最强大的领导者就是那些终身学习的学生。

一个永不停止学习的可塑性大脑就是一个可以提高记忆力和注意力等认知能力的大脑。因此，学习在开发我们的新皮层能力方面起到了重要的作用，也是 BAL 方法中第一部分出现的主要原因。但是我们如何保持自己不断学习、适应和发展的动力呢？我们在哪里找到灵感和动力，做第一个带领大家开辟新领域的人呢？最重要的是，我们如何在经受过挑战甚至失望之后还保持我们的大脑活力、激情和成长呢？首先，具有积极可塑性大脑的领导者就是具有坚定目标的领导者。

锁定目标

本章开头介绍了某公司新晋全球销售总监的故事，她的主要问题是，没有在新的职位中建立正确的态度。虽然她可以管理自己工作中的有形元素，如数据、策略和演示，但她的表现不是出于更高的目标。你爬上的组织阶梯越高，你就越需要一个伟大的目标来驱动你、引导你，使你周围的人跟随你。这是任何现代领导者都不能忽视的问题。她不应该把销售作为她自己和其他人的最终目标和主要动力，她应该针对不同的目标去激活其他的大脑区域。

在一场最受关注的 TED 在线演讲中，西蒙•斯涅克解释了简单生物学的目标。从大脑内部开始，他利用著名的苹果公司、莱特兄弟和马丁•路德•金的案例，得出著名论断：做某事最有力的动机来自大脑深处。这些较老的大脑结构被激情所感动，而这些激情来自漂亮地回答“为什么”问题。相比之下，大多数公司和个人都尽力回答“什么”和“如何”问题，忘记了真正的动力不是对产品、过程和程序的复杂解释，而是有“远大的理想”。一个伟大的目标，最好是长期的目标，可以帮助你周围的人看到方向，更好地理解你已经做出的决定和将要做的决定。斯涅克（2010 年）在《超级激励者》（*Start with Why*）一书中指出：“为什么”问题位于黄金圈的中心位置。如果你被一个强大的“为什么”所驱动，而这个“为什么”与一个更高的目标相关，那么，你投入的时间和承诺都会得到良好的回报。如果你被“什么”和“如何”所驱使，那么，你在困难的时候几乎不会取得什么成就，也不会吸引追随者。“为什么”从大脑深处和真正驱动行为的区域带来激情和联系，而“什么”只能带来合理化、分析和少量变化。这一说法与丹尼尔•平克在其著作《驱动力》（*Drive*）（2009年）和著名TED演讲《动机的秘密》中的主张极为相似，即当代问题需要创造性地解决，而这只能来自内在的动机。如果你追求金钱和销售的目标，你将无法到达更难以捉摸但更有效的大脑区域，不能为意想不到的问题提供解决方案。金钱和销售是外部奖励的一部分，所测结果受制于人（布坎南和汉萨因斯凯，2010年）。这种外在的动机只能用简单的、基于常规的问题来解决。

内在的动力使你的大脑从眼前肤浅的回报压力中解放出来，让你比以前表现得更好。因此，这种动机对于那些需要我们的创造力和复杂思维的艰难、具有挑战性的目标更有效。在我们与学生进行的实验中，情况似乎是这样的：

我们把学生分成两组，每组有相同的目标。他们需要一个接一个地进入房间，完成一个谜题，这两个组任务是一样的。在第一组中，我们要求他们完成这个谜题，但不承诺任何奖励，并说我们只需计算每个人完成目标所需要的时间。但是，我们让他们知道，我们感谢他们参加这次实验，这给我们带来极其宝贵的知识。在第二组中，我们要求他们做谜题，还承诺给三个最快的学生一个具体的金钱奖励，以提高他们的竞争动力。

你认为发生了什么？根据传统的（合理的）管理学经验，面对绩效工资的第二组比没有外部奖励的第一组的工作效果更好。但是，实验结果显示完全相反。第一组学生平均用时比第二组快3.3分钟。我们多次重复这个实验，在大多数情况下，我们观察到，一个具体外在奖励的承诺阻碍了他们的大脑以创造性的方式思考。相反，当我们促进内在奖励的出现时，学生会因为具有挑战性的目标，而表现得更好。我们还观察到，内在奖励是通过一个特定的整体目标来增强的。因此，内在动机需要一个目标，而目标显然始于大脑深处的“为什么”。

目标性是领导的关键特征之一。这一点，英国资深顾问尼科•默克基安尼斯早就在他的《企业目标：伟大公司的起点》（*Purpose: The starting point of great companies*）一书中强调过。默克基安尼斯声称，为了成为一位伟大的领导者，你必须和周围的人同步并激励他们实现目标。因此，有抱负的领导者需要清楚地认识自己的道德准则，在未来的职业定义和人生决策中指导自己和他人。据他所说，组织中有4个更高目标的主要来源：

• **发现**。对于被发现驱使的人来说，生活是一种冒险。他们不断地寻找新的发现，促使人们做出坚定的承诺，并尽力兑现承诺。传统、熟悉和当前的限制是发现的最大敌人。以这一目标为导向的个人和公司，将会永远多花费一些力气去追求自己的目标，尤其是要成为第一个为尚未开发的市场新需求服务的人。

• **卓越**。对于那些被卓越驱动的人来说，生活是一种艺术形式。他们的行为并不是为了从顾客的需求中获得太多，而是从对产品或服务固有品质的痴迷中获得的。他们的产出必须是最可能的和最有效的。用一个词来形容，那就是“完美”。像艺术家一样，他们的高标准是他们的指路明灯，是不可转让的。降低过程和结果的标准被视为妥协，甚至失败。

• **利他主义**。对于那些以利他主义为目标的人来说，生活只不过是支持他人而已。它指的是为我们社区提供帮助的个人本能或制度化本能。这种关怀的态度可以针对顾客、员工、供应商、城镇，乃至整个环境。它实际上是把周围的人的幸福作为头等大事，把自己的私人需求放在第二或第三位。

• **英雄主义**。崇尚英雄主义的人相信，个人或单个的公司能够而且应该改变和影响历史的进程，改善其他人的生活。他们认为自己拥有特殊的技能，他们应该充分利用这些技能去达到最高的结果，且不惜任何代价挑战现状。英雄主义是一种高度竞争的态度，而且他们牺牲自己的个人生活是为了这个星球上的终极原因：开发这种产品，建立这家公司，结束这一交易，解决这个问题。

根据我们的经验，目标是伟大领袖、伟大联盟、伟大伙伴的起点。我们一次又一次地遇到那些在技能和知识上都很强的经理和主管，他们有明确的职业抱负，他们甚至有很好的业绩记录，但是缺乏内部的力量把自己和他们周围的人提升到一个新的水平。我们通常会建议，不管他们这样是出于什么原因，都不会让他们在组织中获得更高的职位。从有形到无形，从瞄准更多的销售到增强他们的创造力，这是他们应对掌舵公司和顶级团队的挑战的先决条件。有必要让他们继续前行，继续学习，继续保持联系，继续提升大脑。更高的目标不是领导力的奢侈品，而是领导力的先决条件。

如何找到错误的目标

我们总是通过询问某人的目标来开始我们的辅导课程。通过探索动机和愿望的辩证过程，我们引导我们的客户对他们自己的目标和他们周围的人的目标进行简单的诊断。该诊断包含以下四个特定顺序的问题：

1. 外在还是内在？

如果一个人是由短期的、过于集中的、利己主义和唯物主义的动机驱动的，那么，他们就不是在正确的道路上。外在的奖励，跟随一个心胸狭窄的“如果—那么”逻辑（如果我这样做，我就会得到这个”），是没有潜力实现真正目标的。一个真正的目标需要从更高的理想中获得，比如对我们周围的人的积极贡献，以及诸如爱和关心等更深层次的情感。我们帮助他们发现自己行为中潜在的“为什么”，往往就是隐藏在他们内心深处的原因。

2. 复杂还是直接？

如果一个人用太多的词语来描述他的目标，那就错了。在这里，语言不起作用，仅仅是因为负责承诺、激情和行为的深层大脑结构没有语言能力。使用的词汇越多，就越能说明大脑皮层的执行部分已经控制了大脑，因此没有多大的动力。伟大的目标是简单的解释和对别人强烈的触动。当然，如果一个人以一种快速而直接的方式回答，但提到了外在的驱动因素，就另当别论。我们可以帮助他们以一种人人都能理解的方式表达他们的目标。

3. 强迫还是顺其自然？

当一个人使用公司的语言或只是重复公司的使命、愿景和价值观时，我们就有理由感到担忧。当一个目标对个体来说是自然的，不是以任何方式强加的，它才是真诚的。即使有人与大多数组织价值观一致，这并不意味着在我们的调查过程中会产生一份公司资料的副本。当这种情况发生时，我们怀疑我们的客户隐藏了他们背后的真正意图。经过进一步讨论和一些家庭作业，人们通常会暴露他们的动机，然后我们真正的工作开始了。

4. 分享潜力是高还是低？

在这里，我们探讨了更高的目标是否可以很容易地分享给组织内外的其他人。如果是的话，这意味着这个目标不仅是领导者的指明灯，而且会吞噬内部团队和外部客户、供应商和合作伙伴。通过公司的人员、产品和通信传播的更高的目标不仅改变了个人，而且改变了整个行业和社会。如果目标不容易分享给他人，不能激励他们，那么，我们需要回顾目标本身或环境，或者两者兼而有之。

实践

- 个人。浏览“如何找到错误的目标”框中的四个问题，并做笔记。回答完每个问题之后，考虑一下基于本章内容的笔记。你的目标是否符合最佳实践？如果不是，你能做些什么来改进它？重写你的答案，直到你得到满意的结果。你可以使用默克基安尼斯模式来帮助你定义或重新定义自己的目标。
- 团队。你也可以和你的团队一起做这个练习，但前提是，你对正确目标的追求是真诚的，这会让其他人敞开心扉分享他们内心的想法和感受。确定团队中不同的更高目标并不难。在这种情况下，与你的团队讨论你们的不同目标如何帮助你们在实现组织目标时相互支持。共同的灵感是我们追求的目标。我们建议你在发现并确定个人目标后，再进行团队任务。

目标可以激励你从内到外一直向前和向上，由无限的激情和更高的原则驱动。但是，如果大脑没有最好的状态，目标永远不会帮助你做出任何非凡的事情。这种状态被称为“心流”，在通往伟大领导的道路上，你需要充分而热情地接受它。

心流

在默认情况下，大脑的表现并不理想，因为它只能在可以观察和分析的特定情况下进行。然后，我们可以通过诱导这种优化的大脑状态，实现我们的目标，并以比预期更快的速度发展专业知识。这种认识彻底改变了我们看待绩效的方式。它还应该使神经科学成为全世界所有专业人士最亲密的“朋友”。

你最后一次感觉或表现最好是什么时候？你有多频繁，多容易地发现自己处于完全的专注和绝对的自我控制之中？什么时候你能够快速地吸收和理解信息，并提供有效的解决方案，使你和你的团队感到自豪？简而言之，你是什么时候，怎样进入心流的？大多数人所说的“进入状态”，在神经科学中被称为“心流”。它描述了完全吸收的时刻，从而产生了最佳的意识状态。最佳意识状态意味着最佳的表现、产出和幸福感。美籍匈牙利著名心理学家米哈里·契克森米哈（2008 年）系统地研究了这种状态，并把他的生命奉献给了它，恰当地描述道：

在我们的生活中，最好的时刻不是被动的、接受的、放松的时刻……最好的时刻通常发生在一个人的身体或思想被拉伸到极限，从而自愿努力去完成一些困难和有价值的事情的时候。

几乎每个人都能回忆起这样的时刻：在逆境中，他们找到了自己的内在力量，尽最大努力去行动，感觉自己充满力量、专注和满足。在这种情况下，我们经历了一种可选择的现实，即时间被改变，太快或太慢，我们自己的意识与周围的环境融为一体。总之，我们是势不可挡的！这样的状态对于领导者来说是至关重要的，他们可以在需要的时候表现得非常出色，并且培养出了能够信任他们的追随者。

未来属于心流，许多引人注目的项目正在进一步证实这一理念。神经科学家、企业家克里斯·贝尔卡和她的团队已经创建了一个简单易用的设备，你可以戴在你的头上，测量心流中涉及的两个关键脑电波，α 波和 θ 波（先进的脑部监测，2015 年）。根据《美国传统英语词典》（2011 年），α 波是在人脑中发生的一种平稳的、有规律的电振荡模式，这发生在一个人清醒和放松的时候，频率是 8~13 赫兹。根据同一来源，θ 波的频率为 4~8 赫兹，当它们处于警觉或被唤醒状态时，主要记录在食肉哺乳动物的海马体中。α 波产生一种冥想的专注状态，θ 波则产生一种极度放松的状态。想象一下，当你有意识地试着调整它们进入心流时，测量一下你的脑电波。一旦你通过放松和专注来达到 α 和 θ 脑电波的正确水平时，你就开始处理一个困难而关键的情况。你现在处于最佳性能。根据贝尔卡的理论，这样的技术可以让你比以前更快地学习，更有创造力，更快掌握新技能。此外，斯蒂芬•科特勒（2014 年）和他的心流基因组计划从神经生物学方面研究心流。通过观察我们的大脑在心流之前、之中和之后的化学、电子和结构的变化，为人们提供更多的解决方案。

在我们的经验中，实现心流的关键内部条件和外部条件如下：

内部条件

• **更高的目标**。如果没有感觉到你所做的事为你的个人目标服务，那就没有产生心流。你越是真诚、积极、热情地被你的目标所激励，就越容易进入心流。

• **领先的专业技术**。虽然心流可以加速学习并帮助你进一步发展，但如果你缺乏基本技能，你还是无法实现目标。你需要先优秀才能变得更优秀，并表现得更出色。经过实践，可以取得优异的成绩。豪尔等人（1998 年）在他们的研究中认为，一种才能（如领导力）可以成为一项关键的技能，主要是因为长期艰苦的工作。

• **少一点焦虑**。焦虑水平越高，越容易陷入困境。压力过大和太多压力是进入最佳心流的最大敌人，因为它们不允许成功的冥想、强烈的情绪回报和内在动机同时显现。

外部条件

• **新的挑战**。如果你面临一个常规问题，你可能不会进入心流。比如使大脑处于自动驾驶模式，习惯被要求完成工作。如果挑战不包括令人兴奋和迷人的新奇元素，那就不需要浪费额外的大脑能量。

• **自主性**。如果你完全控制不了手头的情况，也很难进入心流。如果没有被赋予权力和自由决策的能力，就没有足够的空间去寻找内在的力量成为最好的自己。自主性与实现心流的能力是密切相关的。

• **更大的意义**。情况越重要，越容易进入心流。不管它们多么令人惊讶和新奇，影响有限的问题不能产生紧迫感，也不能产生更大的影响力，从而不能自然地、令人信服地带来心流。当最需要的时候，我们往往能进入心流。

无论能否进一步理解心流是什么，有一点是肯定的：我们的学校、机构和组织应该朝着心流型组织的方向发展，使人们能够独立地、集体地实现、创造和享受更多的东西。真正的问题是：你会成为一个心流型领导者吗？也就是说，你能努力让自己进入心流，也能让别人做同样的事吗？这是形成智力型领导力的最快、最可靠的方法。

创造力与竞争力

我们在上一章已经讨论了用提问来保持头脑清醒的重要性。然而，求知欲不仅仅是保持对周围世界的好奇。它对于激发创造性和为新问题带来新的解决方案也是至关重要的。在快速变化的动态和不可预测的环境中，创造力成为管理者和领导者的首要技能。看起来，创造力是应对我们周围日益复杂的事物的主要方式（如果不是唯一方式的话）。因此，我们需要迅速行动，远离陈旧的、过时的、危险的说法，比如“好奇害死猫”。好奇心和创造力，唯一能扼杀的就是你的竞争力！

2010 年，IBM 公司对全球 60 个国家的 1500 位 CEO 和 33 个行业的调查发现，创造力被认为是有效驾驭日益复杂的商业环境的基本技能。在这项研究中，CEO 们把创造力看作是最重要的技能，超过了传统的商业技能，如严谨、管理纪律、正直和远见。这是一个显著的结果，因为创意是我们的传统盟友，被视为专门为艺术家、广告大师和发明家等特定职业保留的技能。

事实上，在商业研究、研讨会和培训中，创造力很少是一个核心课题，营销交流课程和创新课程除外。罗斯·泰勒（2013 年）在英国展开了一项研究，在《工作中的创造力：给你的大脑充电，让你的想法保持下去》（*Creativity at Work : Supercharge your brain and make your ideas stick*）一书中，他指出，在各行各业，在 100 名高管面试的人中，有 70% 的人认为，创造力与工作场所不太协调，与艺术的兼容性更强。她对全国 1000 名专业人员进行的后续调查显示了这些问题的最低得分：“创造力是我们组织的首要任务”“我们组织中的每个人都能系统地使用创造性方法或技术”。世界范围内所有对创新的痴迷带来了创造性思维，正如我们前面所说，这是领导者成功处理复杂性情况的主要武器。但是，创造力和创造性是如何解决问题的？

大脑中带来最有见地的新想法的部分，并不是大脑中进行大部分的分析和理性思考的部分。勘萨斯大学的心理学助理教授伊凡基里亚·克里斯托（2014 年）在总结推动创意产生的神经科学的研究之后，认为大脑执行部分的低活性对创造力至关重要。当前额叶皮层活动减少时，就会产生前额叶功能低下，导致注意力不集中和不遵守规则，思想也会变得更开放，新思想更自由地涌现。安静下来的执行大脑，与更高的创造性产出有积极地联系。我们对某个问题的思考越少，我们解决问题的创造性就越强。证据也直接来自这个行业。非凡公司是一个非传统的营销机构，办公室遍布三大洲，它的创始合伙人和全球首席创意官迈克·拜恩在《企业家》杂志（2015 年）揭示：

> 每一次“烘焙”，我都会抽出思考的时间……最好的烘焙总是在我做其他事情的时候出现。由于某种原因，它打开了我的思路。我可以更快地解决问题，因为烘焙能帮助我更快地得到答案。

管理人员和其他依赖创造力的专业人士，通常通过跑步、洗澡、散步，甚至是睡一觉再想等方式，为新挑战找到创造性的解决方案。工商管理硕士的学生和我们的一些公司客户表达了非常相似的意见。这并不是说，不积极思考某个问题就是忽视它。正如拜恩所说，“烘焙”这个概念并不是在逃避它。相反，在我们尽可能多地了解一个问题之后，让我们的主管大脑安静下来，这对大脑的其他部分来说是至关重要的，它可以为我们提供恰当的解决方案。然而，我们似乎越是通过反复查看数据、图表和电子表格来挤压我们的大脑产生想法，我们发现的创造性解决方案就越少。这种违反直觉的观点违背了许多公司和管理者的既定做法，当困难和复杂的问题出现时，更多的能量被分配到大脑的执行部分。矛盾的是，当我们需要创造力的时候，我们最大限度地减少了创造力。

来自圣地亚哥大学的詹妮弗·穆勒关于组织创新的开创性工作支持了上述观点。她的工作表明，当主管们按照通常的商业经验思考时，创造力受到了很大的抑制。在2012年发表的一篇广受欢迎、被高度引用的论文《对创造力的偏见：为什么人们想要拒绝创造性的想法》（*The bias against creativity : Why people desire yet reject creative ideas*）中，她和她的同事认为，即使组织声称要促进并展开创新，当他们要求员工拿出最好的、最合适的、最可行的解决方案时，实际上他们也会阻止这一行为。组织对不确定性固有的厌恶和回避将很快扼杀任何真正有创造性的新奇想法，因为经理们会倾向于在头脑风暴板上做更安全的选择。因此，存在着一种对创造力的偏见：尽管我们声明我们想要它，但我们并没有真正接受它的心态和过程。我们想要它，但实际上我们试图避免它。

上述研究的意义是巨大的，因为我们迫切需要改变我们产生创意和过滤过程的方式，目前它过滤掉了大多数实际的创造性想法。太多的思考将不可避免地把急于分析、评估风险、计算后果和利用已知的结果预测未来的图景带入脑海，使得大脑最终回归到熟悉的、无风险的、预期的状态。执行大脑并不是在婴儿期就引入甚至判断新想法的正确大脑。因此，我们需要让它平静下来，以便让所有强有力的洞见浮出水面。

在这方面，基于有益的科学和我们的经验，我们建议通过以下 6 个步骤促进创新，并让创造力在你的组织蓬勃发展：

步骤 1：理解。在这里，你需要尽可能地熟悉这个问题。你需要对问题进行研究，阅读关键数据，查看主要图表，与所有关键人物讨论，并考虑所有可能的角度。在这一步中，你利用你的分析大脑获得重要的信息，再加上你的个人经验，将为你富有洞察力的大脑提供原材料来完成它的工作。团队也应该这样做。

步骤 2：探索。当你试图提出想法并与团队讨论时，尽量保持头脑开放。在这个阶段，过多的分析和批评弊大于利。

（1）个人探索。没有思考的思维是很重要的：不要把脑子放在问题上，要放在背景上。当需要与团队讨论或考虑新证据时，再将它移到问题上。“烘焙”、“睡一觉再想”、听听音乐或通过锻炼来释放宝贵的大脑空间，都能有效帮助你把大脑转移到更深的思考上。

（2）小组探索。即便问题很严重，也要以一种轻松愉快的方式进行讨论。试着让自己和团队远离夸大责任的压力、失败和灾难。经常休息，在讨论过度时转移团队注意力，一起散步。一个积极、有吸引力、有目标的团队几乎往往是一支充满创造力的团队。

步骤 3：决策。当你偏好的想法出现时，不要匆忙去实现它，而是要仔细考虑它。它真的解决了这个问题吗？我们考虑了所有的角度吗？我们是否确保自己的疲惫、恐惧、对可行性的怀疑、追求轻松和避免风险等状态没有让我们拒绝真正的创造性选择？也可以从公司信任的外部来源征求意见，因为他们通常能看到问题和解决方案，而不考虑团队内部的偏见。

步骤 4：实施。现在把这个想法运用到工作中，需要与它的构想一样多的创造力。规划、资源分配和协调活动不再像过去那样简单。通过亲身参与，不断地回顾这个过程，总是提出正确的问题，并热情地激励所有人实现目标，这可以创造奇迹，为生活带来创新的解决方案。

步骤 5：结果。成败取决于最终结果。检测显而易见的东西比检测其他东西需要更少的创造力。你可以检查所有可能的方法来衡量解决方案的影响，包括尽可能多定量和定性的指标。你需要庆祝成功，以巩固创造性的方法来解决业务问题，更需要创造性地处理失败，因为总有重要的教训要学。

步骤 6：布局。在解决一个具体问题的时候，抓住创造性思维的机会是很好的。但真正长期的解决办法是发展一种不断促进创造力的文化和组织结构。这种环境的特点是赋权、不断质疑，以及一种我们所做的每一件事都有增加目标的感觉。肯普曼等人著名的老鼠实验（1997 年）显示，当一个小组花时间在一个迷人的、活跃的、有趣的环境中时，这个小组成员在特定的大脑区域创造的神经元比在舒适但空空如也的环境中花费相同时间的小组多 3 倍。转移到人身上时，这种激烈的神经新生可以成为公司内部取得巨大成就的基础。现代的创新和创造力专家，如斯坦福大学的蒂娜•齐莉格（2012 年）就强调永远不要忽视正确的环境和文化对创造力的重要性；罗斯•泰勒（2013 年）在《工作中的创造力》中强调了组织对特定的技术、工具和程序的需要，以确保一个创造性的过程得以应用。

提升你的脑力

密切关注团队下一次的头脑风暴和决策过程。团队是否恰当地利用他们的大脑来促进创造力，还是让他们的前额皮质降低风险，选择熟悉度？如果是这样的话，那就提出如何重新接近整个过程的创造性的想法，以增加创造性产出，并在团队中推广这些想法。

选项 1：在下一次的头脑风暴会议中，从董事会中选择一个具有争议性的想法来解决这个问题，但是考虑到可行性问题，这个想法在团队中并不受欢迎。可以让每个人都假装这是已经选择的解决方案，然后观察团队现在的行为，并促进相应的讨论。这将把他们的注意力从处理不确定性转移到处理一个令人激动的新项目中，而不会感到责任的负担。创造力将被释放出来！

选项 2：在下一次的头脑风暴会议中，要求参与者迅速提出想法，尽量不要在这个阶段对他们进行评价。把所有想法写下来，然后请每个人根据两个变量将每个想法标记为 1~5 分：解决实际问题的可行性或难易程度。讨论每个不一致的地方，并加强对解决问题的观点的需求。

选项 3：让团队成员通过倡导和支持自己的想法来讨论观点，不要批评别人的想法。通过专注于积极的而不是消极的方面来帮助他们释放创造力。

创造力是最好的神经可塑性。为新的（或旧的）问题找到新的解决办法，学习新的方法，探索意想不到的见解和挑战，可以在我们的大脑中有规律地建立新的神经通路，而且在今后很长一段时间内保持高效率和竞争力。

改善记忆力

我们观察到了，我们也确信你们也观察到了：在组织中，记忆力很强的人非常受人钦佩。事实上，他们无论在哪里都受人钦佩。当一个人可以在讨论中随时提供一个事实、一个事件、一个名字或一个过去的日期，以此推动讨论的进展，这会让他们周围的人印象深刻。当我们与世界各地的组织合作时，我们的这些经验使我们相信，提高记忆力是调整大脑以获得更好的领导能力的关键。我们并不是唯一相信这一点的人。《科学美国人》在 2014 年进行的一次民意调查显示，参与调查的大多数读者都把破解认知放在了他们的愿望清单上，他们的愿望是加强大脑的塑造，而不是过度塑造性格，甚至治愈疾病。在这一类人中，他们最想掌握的、最受欢迎的能力是记忆力，这在整个调查中占总票数的40%。《与爱因斯坦月球漫步》（*Moonwalking with Einstein: The art and science of remembering everything*）的作者乔舒亚•弗尔（2012 年）曾经这样描述：

> 我最欣赏的知识分子似乎总是能够跨越他们学习的广度，从遥远的地方获得勇气……记忆和智力似乎是齐头并进的，就像肌肉的框架和运动的性格一样。

良好的记忆力有助于领导者取得成就，这不仅仅是一种强烈的印象，它还改进了我们大脑适应性领导模式中的决策和思维。做出决定的复杂神经过程在一定程度上取决于记忆力。根据南加州大学心理学教授安托万•贝沙拉（2011 年）所说，记忆是为了在决策过程中有效地对可能的行动过程进行思考，对知识和过去的信息负责。从本质上讲，缺失的记忆可能导致重复犯错和错误决策，而这些错误本来是可以避免的。有多少次你参加一次会议时，一个重要的事实或一个团队成员从记忆中找到的过去经验影响了这次会议的决定？在这个会议上，个人对这个团队的贡献至少要增加了一倍！

我们的记忆主要分为两类：短期记忆和长期记忆。海马体，我们大脑中的海马状部分，位于大脑皮层和边缘系统的下方，在短期记忆中扮演着关键的角色，海马体可以巩固记忆，使记忆从短期记忆发展为长期记忆，还可以进行空间导航。海马体受损的人会产生记忆和定位问题。记忆是储存在新大脑皮层神经元的突触连接中。为了能够长期记住一些东西，我们需要通过在海马体和大脑皮层之间创造一个动态重复的过程来对抗记忆退化的自然过程。不被重新审视的信息往往会被遗忘，因为保持这种记忆的突触随着时间的推移而会减弱。加州大学洛杉矶分校心理学教授唐纳德•麦凯（2014 年）认为：

正如建造者可以制造新的结构或修复受损的结构一样，海马体也能制造新的记忆来取代那些已经退化的记忆……这样的重建可能发生在人们重新遇到一个被遗忘的词语或过去的某个人时。

通过这种方式，最近我们频繁地接触到可以使一段信息恢复碎片化内存的方式，并使内存损失率最小化。按照麦凯的建议，这一过程的步骤如下：

第一，信息被我们的感官捕获；

第二，它被传送到相关的大脑部位进行处理（假设视觉皮层是视觉刺激）；

第三，这个信息传到大脑皮层中储存记忆单词的博卡区；

第四，由于时间退化，此人无法获取此信息；

第五，此人再次暴露于同样的信息中；

第六，新的刺激物被转移到与大脑皮层互动的海马区，以重建被遗忘的记忆；

第七，重新构建的记忆再次被存储，但在新大脑皮层有了新的力量。

实际上，我们需要通过重温原始的或间接的信息来提醒自己重要的信息，从而确保我们重建并重新强化褪色的记忆，不要把这件事留给运气和天性！

另一种可以增强我们长期记忆能力的方法是情绪。通过简单的关心和参与更多的活动，增加情绪会帮助你保留更多的信息。超脱和无聊的感觉会对你在谈话、会议或活动中所记得的东西产生负面影响，这是因为我们通过积极参与我们非常关心的情况，可以开发自传体记忆，即接近我们核心自我的记忆。在这种情况下，情感就像胶水一样，可以确保我们记住重要的信息，包括好的和坏的。心理学家斯蒂芬•哈曼（2001 年）认为，情绪唤起在记忆编码过程中对记忆产生影响，这意味着对信息的关注和阐述，以及记忆的巩固。从本质上讲，由强烈情感所驱动的记忆被重新激活，印象会更深刻，并会吸引更多的注意力。因此，你必须加倍检查你的动机、参与度和对工作及工作情境的情感依恋。你越是亲自承担你的工作，你的工作内容就越难忘。以同样的方式，你越是亲自扮演领导者的角色，你的领导态度就会越令人难忘，同时可以帮助你管理或改变他们。在这里，强烈的使命感也派上了用场。

改善记忆力的第三种方法是利用联想。这种技术被那些在世界各地的记忆锦标赛中竞争的人所使用，它是基于对我们大脑中最强大、最特殊的一组信息关联的理解，这样我们就更容易储存和检索它。记忆是一种与空间相关的认知活动。至关重要的是，每一条新的信息都需要有效地储存起来，以便运用到行动中去。佛尔（2012 年）在关于记忆艺术的书中精彩地描述道，这是因为信息需要在我们的大脑皮层中创造出尽可能多、尽可能强大的突触。如果我们把它与我们完全虚构的有趣元素联系在一起，那么，一个平凡的事件就会变得非常有趣。例如，如果你很难记住一个新朋友的职称，那就联想你的一个朋友，他有同样的职位头衔，想象他和新认识的人骑着驴上山。这种不同寻常的有趣的心理形象会增加你大脑的联想，帮助你更容易记住它。

实践

根据凯奥斯岛的古希腊诗人西摩尼得斯“记忆宫殿”的古老方法，记忆需要被储存在一个精心构建的、熟悉的结构（房子、道路、街区等）的精神形象中。我们通过将每个信息附加到这个结构中的特定位置来进行记忆。

这个练习需要在安静的地方进行。首先，选择你想记住的 5 条新信息。然后闭上眼睛，想象在办公室里（或家里）散步，并联想每个走廊、角落、桌子和会议室所有可能的细节，但是没有人和噪音。完成后，如果你对你记忆宫殿的清晰度感到满意，你可以开始在脑海中重复它，把5个项目（图像、名字、概念、单词，无论它们是什么）按特定的顺序排列在办公室的不同位置。你必须生动地把它们放在每一个不同的地方。为了增加记忆能力，你还需要为每个项目创建一个独特的活动，包含一个动词、一个人或一个物品。记住，越是不正统、有趣和前卫的行为，你就越能成功地储存记忆。

完成后，休息一会儿，然后放松，闭上眼睛，试着重温你的记忆宫殿，在脑海中温习一遍，找到你想记住的东西，存放在你保留的地方。熟能生巧，所以，你越多地玩这个游戏，你的记忆就会变得越好。在你开始储存新物品之前，一定要确保你的记忆宫殿是干净的。

记忆力必须很好地服务于领导者。改进的记忆将导致更好的决策、更有意义的对话和整体业绩的提高。最重要的是，它会让你周围的人眼花缭乱，并会增强你的魅力和影响力。此外，记忆可以提高你的大脑适应能力，这对当今的领导者同样至关重要。

适应、选择和成长

《经济学人》每年都会发布对未来一年最重要的预测，每年度出版的“某一年的世界”中包括了许多关于经济、商业、政治和科技的预测。在25周年特刊——“2011年的世界”中，对中东和非洲地区的利比亚进行了如下预测：

穆阿迈尔·卡扎菲已经执政40年，肯定会完成第41年。通过压制和破坏对手，他消除了对他统治的所有重大威胁；唯一可信的继任者是他自己的儿子伊斯拉姆。

我们知道，2011 年是卡扎菲将军和他的家人被赶下台的一年，而卡扎菲本人被叛军杀害，人们只能对上述预言感到震惊。我们在前一章已经看到，这种态度更适合刺猬的形象，而不是狐狸的形象。它也为我们所生活的世界和相应的思想领袖需要如何生存做出简单而有力的断言。我们今天所经历的事情的复杂程度，是基于大量相互关联的力量，这同时塑造了我们生活的方方面面，为所有类型的决策者提供了一种非常不同的决策方法。从选择一个单一的、严格的、可能的未来和过时的行为方法来看，我们需要采取一种更加灵活、开放和谨慎的方式，选择多种方式前进，而不是完全平等地追求它们。这种新方法与现代哲学家纳西姆•尼古拉斯•塔勒布（2007 年，2012 年）关于随机、黑天鹅和反脆弱性的著作思想是一致的。塔勒布特别指出，随机性和不可预测的事件远非我们的控制和预见能力所能判断的。人类喜欢稳定、常规、渐进和有计划的改进，而不是激进和突然的变化。然而，在这种情况下，如果没有预料到的事件（黑天鹅）到来，会使我们更加脆弱，对它们的影响更加敏感。相比之下，微小变化的持续暴露会让我们变得更有弹性，或者像塔勒布认为的那样，是抗脆弱的。这种方法需要所谓的小的或有目的的赌博。这是我们所知道的最好的认知策略，适用于通过不可预知的危险水域指导人们和组织。

随着数字化的移动设备和社交媒体主导全球的集体对话，政治上的不确定性和冲突不断地在世界各地爆发。这也伴随着一种创业文化，每天都在挑战和摧毁工业巨头，领导者们几乎没有思考空间去确定未来。这就导致了战略、个人和组织的严重问题，因为战略是领导者思考的一个关键方面，传统上依赖于对未来的预测和决定。如果未来不可预见，我们如何才能对投资、资源配置、准备和活动规划做出可靠的决定？通过采用目的性的方法，我们可以更有效地处理我们混乱的现实，同时降低整体失败的风险。

作者和顾问弗朗斯•约翰松（2012 年）定义了有目的的赌注，因为我们不顾自己对其有效性的无知而采取的行动，企业家和作家彼得•西蒙斯（2011 年）

认为这是低风险的行为，目的是发掘和尝试想法。既然高度的不确定性决定了人类努力的所有领域，我们不能无所事事，明智的做法是同时采取多种行动，对他们进行成功投资或押注。这将消除致命一击的可能性，如果其中一个或其中一些不起作用的话。从这种方法中得到的领导心态是一种勇敢、极度活跃、乐观的态度。我们大脑的执行部分通常会通过消除杏仁体不存活的恐惧来进行分析、预测和决策。如果许多小赌注都失败了，那就没有损失。然而，如果只有一个成功的话，它就会对整个结果产生巨大的影响。

根据约翰松（2012 年）的观点，我们也一直在积极地运用有目标的赌注，下面是五个关键步骤：

1. **多多下注**。只在一个舞台上玩，只能想象一个可能的未来，是灾难性的。同时进行多种活动，并且总是发现和遵循新的方法来追求目标是成功的必要条件。例如，当面对一个具体的挑战时，不要寻找唯一的“黄金解决方案”，要去探索各种替代方案。我们建议选择一些可以同时实现的操作，而不是相互排斥的操作。

2. **尽量减小赌注的规模**。赌注的主要特点是风险低。这意味着，虽然我们确实投入了资源和时间来实施它们，但我们并不是把我们组织的财政和战略生存作为个人的目标，而是集体的。我们已经观察到，在一个解决方案中投入所有资源对公司和管理人员的职业生涯都是致命的。我们需要摒弃那种可以立即解决问题（但代价高昂）的全能的神奇想法，而要采取一个更有成本效益的解决方案。

3. **实施最小的可执行步骤**。既然赌注是用来检验实践中的想法，其中许多是同时进行的，就应该谨慎对待。应该采用一种有条理的方法，使每一项任务只在建立前一个步骤的有效性的情况下才会产生下一个任务。为不同的人分配不同的步骤，使用外部资源（研究人员或顾问）来帮助验证其中最重要的环节，并让你最亲密的团队来评估进展并批准进行下一步，这些是我们向客户建议的关键行动。

4. 计算可承受的损失。与其分析每一笔投资的可能回报（ROI）来决定是否继续下去，不如根据在每一个赌局中损失多少来决定是否继续投资。即使投资需求非常低，ROI 也能阻止你继续从事活动，而不需要真正确保所选的人能像预期的那样完成任务。因此，最好不要再抱有过高的期望，而是要尽可能少地投入到每一种投资中去。

5. 保持激情。不断地投入大量的赌注，密切关注它们，甚至目睹其中许多赌注消失，需要一个非常坚定的信念。正如本章已经讨论过的那样，一个更高的目标、激情和内在动力可以让你继续前进，从失败的赌注中快速学习，并利用每一个可能的成功作为你不断努力的燃料。在我们的经验中，高度驱动的团队是那些做得最多并能够克服途中任何不幸的团队。实际上，我们曾与那些乐于看到押注出错的领导人合作，因为他们觉得自己更接近那些能很好地工作的人。

狐狸的心态，驾驭随机性的内在力量，同时兼顾创造性、流畅性和更高目标的能力，是当代领导人需要运用的思维方式的核心要素。这种心态，促进了积极的神经可塑性和神经的形成，与卡罗尔·德韦克博士提出的生长心态非常相似。心态极大地影响我们的行为、我们的成功和失败，最终会影响我们的幸福。韦克（2012 年）令人信服地解释了人们所采用的两种心态：固定型和成长型。固定型心态相信固定的能力、智力和个性，不相信有意义的改变。这会导致一种过于依赖外部环境，而不是依赖你自己的行为的生活，这在心理学上也被称为外部控制中心。成长型思维方式通过发展和提高你的能力，使你拥有选择你自己道路的自由。智力、个性和能力不是静态的。失败只是学习和成长的又一个机会，而成功取决于你自己的努力。你最终可以改变，成为一个更好的你，这被称为内部控制中心。

成长型心态是用最好的方式来使用神经可塑性，而固定型心态是用最坏的方式来使用它。我们一次又一次地看到，领导能力在成长型心态下蓬勃发展，而在固定型心态下下降。你属于哪一种心态呢？

特别提示

在我们的职业生涯中，我们的大脑在生理上并没有保持不变。它可以做得更多或者更少，这取决于我们如何使用它。领导者需要利用大脑的神经可塑性，更快、更好地学习，取得更多的知识。选择一个更高的目标，进入心流状态，在所有情况下使用创造力，提出记忆力，使用多样化、适应性和成长型的思维方式，可以帮助领导者保持敏锐和领先。你的优秀品质将会为你吸引更多忠实的追随者。

参考书目

Advanced Brain Monitoring (2015) Official Website, URL: www.advancedbrainmonitoring.com/, accessed 10 May 2015

American Heritage® Dictionary of the English Language (2011) Fifth Edition, Houghton Mifflin Harcourt Publishing Company, New York

Bechara, A (2011) The somatic marker hypothesis and its neural basis: Using past experiences to forecast the future in decision making, in *Predictions in the Brain: Using our past to generate a future*, ed M Bar, pp 122–133, Oxford University Press, Oxford

Buchanan, DA and Hunczynsky, AA (2010) *Organizational Behaviour*, 7th edn, Prentice Hall, Harlow

Chopra, D and Tanzi, RE (2013) *Super Brain: Unleash the explosive power of your mind*, Rider Books, London

Chrysikou, EG (2014) Your fertile brain at work, *Scientific American Mind*, Special Collector's Edition on Creativity, **23** (1), pp 86–93, Winter

Csikszentmihalyi, M (2008) *Flow: The psychology of optimal experience*, Harper Perennial Modern Classics, London

Dweck, CS (2012) *Mindset: How you can fulfill your potential*, Robinson, London

Entrepreneur (2015) *Creative Genius: Habits and tips from inventive people in the business*, April, pp 56–60

Foer, J (2012) *Moonwalking with Einstein: The art and science of remembering everything*, Penguin Books, London

Fortune (2014) CEO 101: Business Leaders Share their Secrets to Success, 17 November, pp 46–53

Fox, E (2013) *Rainy Brain, Sunny Brain: How to retrain your brain to overcome pessimism and achieve a more positive outlook*, Arrow Books, London

Hamann, S (2001) Cognitive and neural mechanisms of emotional memory, *Trends in Cognitive Sciences*, 5 (9), pp 394–400

Hood, B (2014) *The Domesticated Brain*, Pelican Books, London

Howe, MJA, Davidson, JW and Sloboda, JA (1998) Innate talents: Reality or myth?, *Behavioral and Brain Sciences*, **21** (3), pp 399–407

IBM (2010) IBM 2010 Global CEO study: Creativity selected as most crucial factor for future success, IBM Press News, URL: www-03.ibm.com/press/us/en/pressrelease/31670.wss, accessed 7 May 2015

Kempermann, G, Kuhn, HG and Gage, FH (1997) More hippocampal neurons in adult mice living in an enriched environment, *Nature*, **386** (6624), pp 493–495

Kotler, S (2014) *The Rise of Superman: Decoding the science of ultimate human performance*, Houghton Mifflin Harcourt, New York

Mackay, DG (2014) The engine of memory, *Scientific American Mind*, **25** (3), May/June, pp 30–38

Mourkogiannis, N (2006) *Purpose: The starting point of great companies*, Palgrave/Macmillan, London

Mueller, JS, Melwani, S and Goncalo, J (2012) The bias against creativity: Why people desire yet reject creative ideas, *Psychological Science*, **21** (1), pp 13–17

Pink, D (2009) *Drive: The surprising truth about what motivates us*, Riverhead Books, New York

Scientific American Mind (2014) Upgrading the brain, *Special Issue: The Future You*, **25** (6), November/December, pp 8–9

Seelig, T (2012) *inGenius: A Crash Course on Creativity*, Hay House, Inc, London

Sims, P (2011) *Little Bets: How breakthrough ideas emerge from small discoveries*, Random House, London

Sinek, S (2010) *Start With Why: How great leaders inspire everyone to take action*, Penguin, London

Sinek, S (2014) *Leaders Eat Last: Why some teams pull together and others don't*, Penguin, London

Taleb, NN (2007) *Black Swan: The impact of the highly improbable*, Penguin Books, London

Taleb, NN (2012) *Antifragile*, Allen Lane, London

Taylor, R (2013) *Creativity at Work: Supercharge your brain and make your ideas stick*, Kogan Page, London

The Economist (2010) *The World in Figures: Countries*, The World in 2011, 25-Year Special Edition

小结

1. 为你的大脑节省能量

更高层次的思想、坚定的价值观和及时的反馈，是增强领导意志力的三个关键因素。

节省大脑能量的方法如下：

• 处理自我损耗

• 缓解倦怠心理

• 处理多重任务

2. 摒除杂念

积极地提问能给大脑的理性部分带来更多的能量。提问的四种风格：

• 优秀的提问者

• 好的倾听者

• 讨厌的审问者

• 暴脾气的孤独者

大脑劫持机制威胁到思维的清晰度，并产生诸如不稳定行为、决策障碍和绩效差等严重后果。但是，劫持可以通过分散注意力和奖励系统来加以管理。

3. 关注表现

强大的目标可以帮助领导者看到方向，更好地理解已经做出的决定和将要做的决定。

通过进入大脑的心流状态，你和你的团队可以更快地取得更多的成就。进入心流需要的内部和外部条件：

内部条件

- 更高的目标
- 先进的专业技术
- 少一点焦虑

外部条件

- 新的挑战
- 自主性
- 更大的意义

创造力和表现可以通过如下方法而获得：

- 了解问题的背景
- 避免过多的分析
- 使用最简单的分析工具
- 不断审查实施过程
- 不断评估结果
- 尽可能多地重复这个过程

处理复杂性的一种方法就是采用有目标的赌注：

- 多多下注
- 尽量减小赌注的规模
- 实施最小的可执行步骤
- 计算可承受的损失
- 保持激情

Neuroscience for Leaders

Part

2

情　绪

第四章

识别情绪风格：成为首席情绪官

总是保持冷静

他认为自己是一个很棒的经理。他在许多公司担任董事职位，他的业绩记录也很出色，即使偶尔发生意外，他也能很快解决这些问题。在做出决定之前，他总是非常慎重地考虑各种选择，也包括合适的人选。他在同行中的专业地位和声望都很突出。他之所以如此出色，是因为他在年轻时就遵循了一条简单的规则：无论形势多么危急，总是保持冷静。

他的座右铭是：商业只涉及数字，不包含情感。他坚信，无论是好是坏，情绪都会影响决策过程，改变一个清晰而合乎逻辑的结果，即市场和股东偏好的结果。他学会了在没有任何风险的情况下释放自己的情绪：家庭庆祝活动，他最喜欢的乐队的音乐会，独自在家看体育比赛。他的办公室是一个没有感情的区域，他为此感到非常自豪。他认为他的思维是以数学为导向的，是理性而客观的，这在他的职业生涯中起到了很好的作用。他不仅自己坚持这个原则，而且也用来选择、评估和指导他的团队成员。直到现在，依然如此。

两个月前，他接到一个很重要的电话，通知他成为公司最高层首席执行官的候选人之一。这对他来说是巨大的挑战，但他一如既往地以冷静的态度对待这个消息。选拔新 CEO 的过程既漫长又富有挑战性，他需要保持冷静。他相信，把他带到这里的一切因素都会使他在下一个阶段取得成功。

该公司聘请了一家外部咨询机构来负责遴选过程。正如所料，这包括面试、测试、角色扮演以及与公司内外的不同人员的会面。在大部分的流程中，他觉得一切都很顺利。接着，最后的挑战来了。这个挑战包括一项任务：要求候选人为公司的大部分部门制订重组计划。他们将如何应对呢？他们关注的主要领域是什么？他们优先考虑的事项是什么？很明显，这正是股东们考虑的与公司有关的问题，他们希望确保新CEO能够成功地解决这个问题。他开始处理这项任务，把他所有的知识、经验和对项目的每个方面的冷静态度都运用到他的工作中。他指出市场变化导致了重组的必要性，评估了当前的公司结构需要做些什么，制定了新的目标和结构，还估计了预算，并制订了一个有效的实施计划。他甚至考虑了必须进行的与外部合作伙伴的谈判，并替换或转移了现有的关键人员。这一切看起来干净利落、思路清晰。

当公司宣布他不是被选中的候选人时，他震惊了。更重要的是，他被告知，他在最后一项任务中表现不太好。这怎么可能呢？他所做的一切都要求照章办事，很有商业价值。他仍然不能完全理解这些反馈，特别是当公司表明，组织和个人应该明白，CEO的角色不是首席执行官，而是首席情绪官的时候。此外，当一位高级经理面对诸如重组计划这样巨大的挑战时，在所有的分析和计划中，都应该首先考虑他自己和其他人的情绪、态度和信仰。商业不仅仅是关于数字的。首先，是关于人的，因为人们在企业中处理了大量的数据，并做出决定（无论对或错）。其次，人们确实有情绪。管理者应该能够识别并利用情绪，以便对高要求的情况做出相应的反应。在这一事件发生后，他总是试图把情绪作为他自己和其他人的核心工作的一部分。他现在明白了，没有任何情况（无论是职业的还是个人的）不是由情绪主导或引导的。

人们曾经对人性有重大的误解。在中世纪之后，科学和文艺复兴思想的出现，将认知过程作为人类经验的顶峰，将情感置于动物的状态。“保持冷静”“不要情绪化”“你的反应过激了”，以及其他类似的一些短语，展示了我们现代社会对情绪的侵略性和敌对态度，它们自从出现以来就在管理科学的传统术语中占据了主导地位，这些理论框架是由泰勒（1911 年）、法约尔（1930 年和 1949 年）和韦伯（1947 年）等管理学专家命名的，主要的信息是：产生的情绪越少，决策就越好。但是人类能在没有情感的情况下生活、思考和行动吗？情感进化的残余物会削弱我们的理性思维吗？我们应该试着压制他们，使他们成为更好的领导者吗？神经科学以一个绝对的否定答案回答了所有这些问题，而一个叫艾略特的病人的临床案例可以帮助我们解释为什么。

情绪支配大脑

艾略特在 30 岁出头的时候，被诊断出大脑中线区域有一个快速增长的肿瘤，推动了两个大脑额叶向上延伸。手术成功切除肿瘤后，艾略特恢复了健康，但其他方面出现了变化。虽然他能够理性地思考和合理地进行决策，但他的实际行为是反社会的，远远偏离正常轨道的。这一变化，以及在其他类似案例中观察到的类似的变化，引起了我们对情感在决策过程中所扮演的角色以及情感在健康的人类生活中所扮演的角色进行了深刻洞察。简而言之，它揭示了情绪至少和我们做决定时的其他大脑功能一样重要。没有情感的决定不仅是错误的，甚至可能是危险的。

安东尼奥·达马西奥（2004 年）在其开创性的杰作《笛卡儿的错误》一书中分析了艾略特的案例，还有 19 世纪著名的菲尼亚斯·盖奇的故事——他在佛蒙特州的一条新铁路上工作的时候，头骨被一根热棒穿透了。达马西奥，一个著名的神经学家和神经生物学家，他在书中作了如下声明：“情绪的减少可能是非理性行为的一个重要来源。”他令人信服地声称，当情感缺失时，人的思维与扭曲的行为会有一种反直觉的联系，这揭示了对健康情感的有力推理的复杂而强烈的依赖。

艾略特和医学史上的相似病例的不同之处在于，他在手术后的高级认知功能是完整的，但他的决策和行为导致了他与周围人的长期隔离。当对其感知能力进行测试时，包括过去的记忆、短期记忆、学习新知识、语言、算术、运动技能等，艾略特都表现得异常出色。他看起来是一个完全正常的人，他准备像其他人一样，每天完成自己的个人和职业任务。但他的实际行为对大家来说却都是灾难性的。一个人怎么能看起来完全符合逻辑地通过所有测试，但却在社会和个人生活方面表现得如此糟糕呢？为什么这是神经科学（米勒等，2008 年）一再证实的现象呢？答案既简单又直接：在决策和行为中运用情感的能力与使用逻辑的能力一样重要，有时情感的能力甚至更为重要。从进化的角度来说，在我们漫长的历史中，情感发展得更早，在做出选择方面起着至关重要的作用。大脑作为我们头骨的最新补充，在很大程度上依赖情绪来驱动和指导它的决定。艾略特、菲尼亚斯•盖奇和医学史上的其他案例中显示实际上因意外损害了他们的神经通路，给他们的选择消除了感情，这导致了长期的灾难性行为。在进行管理和商业决策时关闭你的情绪头脑，这不仅在神经方面不可能发生，还是一件非常危险的事情。

决策中影响情绪的最大因素是道德。这是一种基于自己对他人可能产生的影响来权衡决策的能力。它与同理心很接近，因为它帮助我们分享了一个行为可以导致的感觉。情感神经通路（杏仁体系统和下丘脑 - 交感神经反应）受损的人不能使用他们的道德罗盘来指导他们的决策过程和行为，最终会为他们自己和他人做出错误的选择。事实上，对于那些没有能力使用同理心的人来说，有两种医学术语，因此他们只需要做出一些冷血的决定，而这些决定最终会对他们和社会产生不利影响，使他们成为精神病患者或反社会者。乔恩•罗森（2011 年）在其著作《精神变态测试：穿越疯狂行业的旅程》（*The Psychopath Test: A journey through the madness industry*）和在他之前的保罗•巴比亚克和罗伯特·黑尔（2006年）在其著作《穿西装的蛇：当精神病患者去上班》（*Snakes in Suits: When psychopaths go to work*）中，都认为精神病患者的可靠特征是缺乏同情心、悔恨心和仁爱之心。令人惊讶的是，这些都是传统学校、MBA课程和公司试图从未来的专业人士和管理人员中找出来的元素，试图提高他们的计算推理能力。我们是不是想让变态心理离开经理、领导和普通人呢？现代领导者需要摆脱这种陈旧的思维模式，并意识到基于神经科学的现实，让我们在公司和生活中变得伟大。

除了增强我们的决策能力外，情绪对领导也很重要，因为它们是激励的基础。“情绪”（emotion）这个英语单词的拉丁词根是“移动”（to move），这是显而易见的，因为这个词本身包含了“运动”（motion）一词。我们可能很少这样想，但实际上，“情绪”一词意味着情绪是我们所有行为的基础。没有情感，我们就会无所事事，没有动力去做任何事情。这就是为什么科学家、咨询顾问和企业家，比如切普·康利（2012年）把情绪的能量和运动等同起来，或者如他提到的：“情绪是转换或改变你的生活的工具。”积极或消极的情绪促使我们采取行动，从一种情况中提升或恢复我们自己。伊莱恩·福克斯（2013年）详细阐述了这两种基本的大脑系统，认为它们解释了人类的许多行为。杏仁体，作为恐惧、紧急、回避、悲观的核心，使我们的大部分运动远离或接近实际情况。如果领导者和管理者想要获得更高层次的决策，那么，他们需要熟悉这些系统如何影响他们和其他人的行为。

情绪支配着我们的大脑。情绪通常分为三类：首先是我们在任何特定时刻感受到的转瞬即逝的情感；其次是那些长期存在的情感；第三，是介于前两者之间的情绪。从神经学的角度来说，情绪风格更容易用来理解我们的大脑连接如何影响我们的情绪。

情绪风格

长期以来，心理学一直在处理情感问题，但就像其他事物一样，它没有能力去观察大脑并感知大脑中究竟发生了什么，因此无法提供给我们今天所能得到的准确观察结果。神经科学的出现及其相关技术使我们能够窥视到大脑，观察神经元是如何相互碰撞和相互联系的。研究揭示了情感倾向的神经学基础。理查德•戴维森以他对西藏僧侣大脑的研究而闻名，他对情绪类型进行了专门的分类（戴维森和贝格利，2012 年）。用他的话来说，情绪风格是：

……对我们生活经历一致的回应方式。它是由特定的可识别的大脑回路控制的，并且可以用客观的实验室方法来测量。因为情绪风格比情绪状态或特质更接近于潜在的大脑系统，所以，它们可以被认为是我们情感生活中的原子——情感生活的基本组成部分。

情绪风格标志着特定的神经通路，它超越了我们日常生活、内部和外部组织中经常听到的关于情绪的基本解释和讨论。基于严谨和长期的科学观察，戴维森建立了六种情绪风格。每种风格都有一个连续性，两边有两个极端。我们认为，这些风格对于领导者更好地了解和指导他们的行为至关重要。下面是对每种风格及其与领导力的关系的解释，正如我们所观察到、并在我们的实践中使用的一样。

风格 1：恢复力。在一个极端，这种风格是快速从逆境中恢复，而在另一个极端，这种风格是缓慢从逆境中恢复。从本质上说，这种风格决定了我们对负面事件的反应方式。如果你不能很容易地从挫折中恢复过来，你就会一直纠结于消极情绪，那么你就更接近于缓慢恢复的极端。如果你的工作能力没有受到阻碍，你很快就能摆脱挫折，那么你就更接近于快速恢复的极端。

这两个极端取决于我们在第二章中提到的杏仁体和前额叶皮层之间的相互作用。杏仁体对前额皮质的激活越多，你恢复起来就会越慢。前额叶皮层越活跃，你恢复的速度就越快。考虑到现代组织不断增强的活力和第三章中讨论的小赌注，领导者们需要迅速摆脱失望，并且几乎每天都要考虑新的替代能源。韧性是一种关键的领导特质，它能让领导者们找到内在的力量，让自己和团队充满信心地去取得新的胜利。我们建议我们的学生和组织客户在遇到挫折时，快速学习经验教训、找到新的选择和积极行动的理由。

风格 2：展望。这是悲观主义 - 乐观主义的连续体。正如伊莱恩 • 福克斯的“大脑的晴雨表”系统，“向前看”关注的是我们看待日常事件的方式，并决定我们能维持多少积极情绪。我们是否倾向于寻找每一种情况的消极方面，还是总能看到“生活中光明的一面”？左前额叶皮质和伏隔核（我们的快乐中枢）的相互作用就集中在这里。从前额皮质到伏隔核的信号越多，它就越活跃，你就越处于积极的极端。到快乐中枢的信号越少，你就越接近消极的极端。我们的快乐中枢主要作用于多巴胺和麻醉感，而这二者为不同的快乐结果负责，多巴胺活性与预期有关，麻醉感与快乐相关。这意味着领导者需要以不同的方式来管理这两种积极的状态。从一个结果、一个事件、一场会议、一场演讲中产生的兴奋感，并不是建立在我们真正实现某件事情的兴奋感的基础上。

多巴胺首先参与进来，接着，就是鸦片剂。积极的展望与更高的动力、活力、创造力、决心和健康有关。我们帮助领导者走向更积极的前景，接着使用鸦片剂，增强预期和成就的情绪。领导者可以专注于即将到来的经验和积极的结果，努力营造一个良好的团队氛围，提高士气，可以构建多巴胺注入的预期；也可以赞扬人们的努力，庆祝成功（即使是微小的成功），给予团队和个人补偿，可以建立一种精神上的奖励。（勒梅尔等，2009 年）。

风格 3：社交直觉。对于伟大的领导来说，有效地了解他人的意图和情感是至关重要的，因为没有人能够在无视他人的精神状态的同时激励他人。

这个连续体的一个极端是一个社交混乱的人，另一个极端是直觉社交的人。当我们无法解读他人的情绪时，我们可以在黑暗中考虑可能的行动方案来修正和提高自己的表现。然而，当我们对他人情感的敏感度提高时，我们就有了共鸣和共情的基础。然后，我们更适合对形势做出适当和现实的反应。杏仁体也在这里发挥作用，但这一次它和梭状回一起。梭状回位于我们大脑皮层的颞部和枕叶，并与各种类型的识别相关联。由斯坦福大学医学院的乔瑟夫•帕维兹和他的同事在2012年发表的一项研究证明，通过在病人的大脑中使用电极，这个大脑区域的唯一责任是负责面部识别。当人们在看人脸时，扁桃体被激活得比梭状回更活跃，这是一种令人迷惑的风格的强烈暗示。当相反的情况发生时，表明这是一个拥有高度社交直觉的人。保罗•艾克曼博士（2007年）在全世界研究人类面部表情的开创性工作中揭示了，我们拥有通过观察他人的面部表情来辨别他人情绪状态的能力。在我们作为一个物种的早期发展中，当我们的语言能力仍然有限的时候，我们依赖于快速地阅读人们的面孔，并以一种潜意识的方式来调整我们的行为，增加我们生存的机会。这种能力并没有因为出现更高级的语言技能而消失，但在所有人身上都是不一样的。为了改善这一连续体，我们需要在消除杏仁体、对抗它的劫持潜力，以及在阅读他人的面部表情、身体动作和声音方面做得更好。观察你的朋友和亲密同事的情绪线索，并通过你的评估来和他们讨论他们的情绪状态，这是一个良好的开端。然而，为了避免任何风险，必须与亲近、信任的人一起做这件事。

风格4：自我意识。你是否能够准确地确定自己的情绪状态？你不能正确地检测或解码你的情绪吗？自我意识是一种对领导至关重要的情感方式，因为只有当我们准确地知道自己的身体发出的信息时，知道自己的想法和感受时，才能恰当地指导我们的行为。例如，我们应该了解一次艰难的会议对我们情绪状态的影响，并阻止它蔓延到我们可能参与的随后不相干的会议中。负责这种意识的主要脑区是脑岛或岛叶皮质，它是我们大脑皮层的一部分。

越来越多的人认为，这个大脑区域与意识有关，是我们有意识的自我的中心或主观意识的自我（参见作品：克雷格，2010 年；顾等，2013 年）。这是因为脑岛包含了大脑各器官的地图，互相接收或发送信号。脑岛的活跃度越高，自我意识越好；而脑岛的活跃度越低，对自我情感的意识体验和理解就越差。古代名句“认识你自己”刻在了特尔斐的阿波罗神庙上，归功于苏格拉底、柏拉图和泰勒斯等人，这是自我意识连续性的本质。在一个极端，我们自省的能力很弱，切断了我们内在自我和意识自我之间的联系。在另一个极端，我们可能对内部变化和信号非常敏感。我们与组织中的管理者和领导者的工作通常包括：长时间讨论各种工作情境中对自己情绪的认识程度及其对整体行为的影响。花时间安静地、独自地评估你的身体信号，当你感到兴奋的时候，无论是积极的还是消极的，都能极大地帮助你准确地理解你的情绪状态并做出相应的反应。在我们的经验中，自我意识和目的是密切相关的。

解码我们的情绪

理解自己的情绪对于决定我们的情感方式至关重要。然而，这是一个非常困难的任务。情绪和感觉不是一码事。情绪是我们内在发生的事情，而感觉是对我们正在发生的事情及其阐述的主观感知。根据达马西奥（2004 年）的观点，情绪是以身体和环境刺激的化学反应和神经反应为形式的自动化生物反应。不管刺激是有意识的还是无意识的，它们都是自动生成的，它们的目的是生存，让我们做出行动或反应。另一方面，感觉是由情绪引起的变化的认知表征或感知，也是与情感一致的思维过程和精神状态的唤起。如果脑岛运作良好，那么情绪的感知和相应情感的产生是一致的。我们在自我意识维度上得分很高。但是，如果这两者不一致，我们把感觉误认为别的东西，那么，脑岛运作时，会发生什么呢？我们的情绪会被环境和其他条件所欺骗吗？如果是的话，我们能做些什么去挽回呢？

在 1974 年的出版物中，心理学家达顿和亚伦描述了至今流传的神奇的卡皮拉诺吊桥实验。在实验中，研究人员将一组年轻男性安排给一位有魅力的女性研究员进行调查，并想统计在实验结束时他们中有多少人给她打了电话。在实验结束后，女研究员把她的电话号码给男性参与者作为回答任何额外问题的方式。一组年轻男子在不稳定的吊桥中间，另一组在稳定的地面上分别遇到了女研究员。结果很清楚：那些在吊桥上的人比那些在安全地带的人联系得更多，他们被自己的感知愚弄了。吊桥上的小组把他们的兴奋或激动的感觉归因于女研究员的性吸引力，而不是对生存问题的恐惧。问题是，我们体内这两种身体感知是相似的，而外部刺激则将它们推向了错误的方向。这是感觉和感情不一致的伟大而生动的案例。

我们的建议是提高你对自己情绪的感知力，尤其是在专业的情况下，这被称为 3D+3L 方法，包括三种类型的描述和三种类型的倾听：

1D：描述情境（Description of the situation）。花点时间，详细描述一种让你感受强烈感情的情境。关注原因、他人的角色和物质环境，思考是什么让你有这样的感觉，把这看作是战略环境分析的同义词。这种描述需要在事件发生前完成。

2D：描述反应（Description of reactions）。继续详细地描述这种感觉产生的行为反应，首先是在你身上，然后在你周围的其他人身上（如果适用的话）。一步一步地追踪每件事，从拥有感觉，到发挥出来。写下你所知道的看似无关紧要的事的行为和涉及他人的重要行为。你为什么那样做？这也需要在事件发生前完成。

3D：描述相关性（Description of correlations）。列出具有相似特征或类似行为结果的事件列表。看看事件之间有联系吗？同样，试着把你的思想链和你的感觉、情况以及随之而来的行为联系起来，这是一种更内省的分析，通常是持续的，要比以前花费更多的时间。

1L：倾听内心（Internal listening）。以最小的干扰和真诚的兴趣来审视自己，以帮助你在感情和感觉之间建立更牢固的联系。在我们进入简单的结论之前，停止我们往日的喋喋不休，并激发我们对原始情感的敏感，这是提高我们对情绪的理解的必要步骤。正念已成为全球首席执行官和执行官们的趋势，因为它承诺提高自我意识，正如该领域的先驱玛丽亚·冈萨雷斯（2012年）所解释的那样。给自己机会，倾听内心的自我，无论是面对计划内的还是计划外的事件都可以。

2L：倾听别人（External listening）。仔细倾听别人的意见，试着理解他们的观点，不要让你的强烈感情干扰或曲解对话。这是清楚地了解形势的关键。此外，让别人来评价你的情绪状态，并给你反馈，这可以帮助你绕开我们内心的误解。别再犹豫了，向更靠近你的人询问吧。

3L：不断倾听（Constant listening）。开发一个大脑雷达，不断地扫描内部和外部的情绪线索，它们对你和周围人的影响是自我意识的最终目标。你自己的个人“情绪观测台”应该建立在你的头脑中，它将无情地评估重要的和不重要的情绪反应的时刻，这将为情感模式和相关行为设置一个知识库。

实践：实践中的 3D + 3L 方法

想想最近你经历过的一种情绪上的挑战，你或多或少成功了。然后，使用上述三种类型的描述和三种类型的倾听，写下解释这种情况的方法。你的结论是什么？对于这种情况，你能做些什么不同的事情吗？

风格 5：语境敏感度。是否在情感上与周围发生的事情和谐相处，你的行为是否符合你的要求？或者，你通常不了解情况，采取不适当的行为，有时会让你感到尴尬吗？在这个连续体中，一个极端是人们积极适应环境，而另一个极端则是对环境置之不理。积极适应意味着情绪同步，而置之不理意味着情绪与情境脱节。例如，我们已经看到经理们在演讲的关键时刻开玩笑；当一个商业伙伴试图轻松地谈话时，他们又显得过于严肃了。与这种情绪同步相关的大脑区域是海马体。我们已经讨论了海马体与记忆形成的关系，但它在适应或调整行为对环境或情境方面也起着至关重要的作用。面对外部环境，一个更弱，甚至更小的海马体可能意味着完全不恰当的情绪，以及随后的行为。此外，语境学习在这种情况下也会减少。因此，我们需要确保我们的内部状态和外部需求相适应，以便采取相应的行动，并从这种情况中吸取正确的教训。在“解码我们的情绪”框中提出的一些建议也适用于此。倾听他人的声音，并尽可能准确地描述所发生的事情，将有助于我们今后的模式识别、学习和适当的行为适应。特别提示：如果你不确定你在会议室里感觉到的是紧张还是积极的期待，那么最好等着更多的线索，直到你做出决定性的举动。如果你经常感到失落，那么你就要专注于提高连续性，朝着一种更加和谐的方向发展。但是要小心，过于敏感会增加压力反应，因为它与焦虑和不适感有关。埃利斯和博伊斯（2008 年）认为，尽管对我们大脑中环境的敏感性是进化的，对于学习如何有效地处理我们所处的环境来说是无价的，但它遵循的是一种与压力有关的u型曲线，这意味着低敏感度会产生高的压力，就像高敏感度一样。在我们不可预测和充满压力的现代商业环境中，与压力有点脱节，或没有完全连接，是现代领导者的宝贵财富。每个领导者需要根据自己的经历、性格和情况分别决定各自的关系。

风格6：关注。这个维度的一个极端是专注，另一个极端是分心。你有没有把注意力集中在会议桌对面和你谈话的那个人身上？你是否觉得每次查看详细的月度结果或人力资源研究的最新员工敬业度时，你都在走神呢？你是否经常对你的开放式办公室感到恼火，因为噪音不允许你做好自己的工作？那么，你更接近分心的一端。在这种情况下，你的情绪意识会受到限制，而你的行为反应不适合手头的情况。前额叶皮层，或执行大脑，负责集中注意力，因为较高的活动能产生一种叫作“相位锁定”的状态，这是最终的焦点。在这种情况下，前额叶皮层的参与与外部刺激是完全同步的，这意味着你的心理与你所关注的东西是一致的。这种“相位锁定”在企业中备受推崇。博哈亚为彭博撰写的文章（2013年）报道了CEO们关于高度专注话题的人气演说。专注于执行、增长、新产品和市场机遇等领域的人，他们大脑的相关部位显然已经进入了高层沟通的行话，且确保不会被干扰。然而，太多的关注并不总是优势。神经学家杰森•格莱特及其同事（2012年）进行的一项研究揭示，创造性的人从专注于某个给定的问题中获得休息，而这一休息允许非意识过程接管并提供有见地的解决方案，从而使他们受益最大。太多的注意力会抑制创造力，但松散的专注度会抑制绩效和生产力。同时，也存在一些需要关注的情况，例如在某些谈判中。因此，焦点的强度必须根据具体情况来确定。

连续的练习是走向一个或另一个极端的关键。在以上所有的风格中，同时使用我们在第三部分中提到的神经可塑性，能够改变我们的神经通路，从而改变情绪类型的位置的能力。尽管从一个极端走向另一个极端是有挑战性的，但是，沿着这条路线走下去，是可能的也是明智的。我们已经看到它发生在我们自己和我们一直合作的人们身上。把这个作为你的议程中的常规做法，将带来更为成功的结果。

实践：测量团队中的情绪风格

回顾一下戴维森的六种风格，从1到5给自己打分，1分为低极端，5分为高极端。反思每一个分数。写下你想要保留的分数和你想增加或减少的分数。让你最亲密的同事在这六个方面给你评分，观察你自己的分数和同事给你的分数之间的偏差。如果有偏差，为什么会存在偏差？你也可以带领一个团队来做这个练习，每个人先给自己打分，然后互相给彼此打分。基于信任和积极反馈的公开讨论可以帮助彼此改进情绪风格。在团队环境中，如果没有专业和经验的帮助，这是不可能的事情。

情绪与情感

情绪风格对我们在组织中的思维和行为方式的长期影响，尽管不是相同的，但是类似于人格的长期影响：在我们生活的大部分时间里，它们都一直跟随我们。他们可以改变，以更好地适应我们的领导力挑战，但这需要时间和有针对性的努力。在更短的时间内，我们的情感会受到情绪的影响，现代领导者需要意识到，并试图控制它们，因为它们是我们日常情感反应的沃土。虽然他们自己隐藏，但他们对我们在工作场所体验的大多数情绪负责。下面请看顶级情绪专家丽兹•米勒博士（2009年）的一段话：

我们都有情绪……情绪是衡量我们的内在标准。我们不直接表达我们的情绪。相反，我们用我们思考、交流、行为和观察世界的方式间接地表达它们……几乎所有的愤怒都反映出潜在的易怒和焦虑情绪。这种情绪提供了让愤怒情感成长的土壤。

正是你的一般情绪决定了你在某一时刻表达的情感类型。因此，通过进入正确的情绪和避免产生反作用的情绪，你可以在任何情况下找到正确的情绪，并利用它们来进一步提升你的领导能力。例如，如果你正处于积极的情绪状态，而与消极情绪相比，你能更好地管理你的情绪并在一个艰难的会议中做出有价值的贡献吗？我们遇到过无数的管理者，他们向我们吐露说，他们希望自己在压力重重的情况下做出不同的反应，但在那段日子里，公司里的所有坏情绪都不允许他们这样做。如果他们知道如何使自己的情绪保持乐观，他们在任何具有挑战性的情况下都会表现得更好。这是因为，在长期的利益清单中，培养积极的情绪是集中注意力、理清思维、管理行为、建立有意义与持久的关系、灵活且坚持不懈地追求目标和工作满意度的重要组成部分。在一项特别有趣的研究中，加拿大西方大学的鲁比•纳德勒和她的同事（2010 年）证明，情绪积极的人比中立或情绪消极的人表现更好。面对事物时，那些情绪积极的人表现出较高的认知灵活性，在需要大量使用前额叶皮层的任务上做得更好。这对管理层产生了深远的影响，因为积极情绪不仅是工作中保持团队的积极性和激励个人方面的前提条件，更主要是为了更好地利用我们的认知处理能力。也就是说，好心情意味着好思考。

米勒（2009 年）著名的情绪分类法使用两个变量来绘制一个情绪地图：一个轴上的能量和另一个轴上的幸福感。第一轴（垂直）顶部的能量高，底部能量低。第二轴（横向）左边是消极幸福感，右边是积极幸福感。能量与神经递质多巴胺有关，多巴胺与血清素跟内啡肽系统的兴奋感和幸福感有关。血清素和内啡肽是积极情绪、良好的内脏功能和缓解疼痛的源泉。根据我们在世界各地的领导者的实践，以下是情绪地图的四个象限以及每个人的感觉：

第一象限：火箭情绪——高能量、积极幸福感象限。这类拥有强烈的动力、高度的喜悦和持续兴奋的领导，会让每个人都充满激情和信念。动作敏捷，精力无限，脸上带着灿烂的笑容，火箭型的领导是团队的向导，拥有不可阻挡的力量。这种情绪很少会让你感到疲倦，当它让你重新振作起来时，你会有更多的想法和更宝贵的情感支持。

第二象限：大师情绪——低能量、积极幸福感象限。这类沉着冷静、高度满足的领导，会创造条件周到、和谐的办公环境和无与伦比的安全感。大师情绪的领导是对抗形势疯狂的有效武器，为实现明智的决策创造了必要的稳定性，具有长期的高效果。

第三象限：沮丧情绪——低能量、消极幸福感象限。这类身体上和精神上疲惫，常常是悲伤的甚至是沮丧的领导者，他们不能隐藏自己的无聊和工作中的消极情绪。沮丧情绪的领导者会对周围的人产生负面影响，他们会吸取能量，并散播悲观情绪。

第四象限：恐慌情绪——高能量、消极幸福感象限。紧张、愤怒、恐惧和挫败感是这种领导者所表达的强烈而消极的情绪。一种神经质的态度，对自我保护的强烈关注，以及像无头鸡一样奔跑的形象，都与恐慌情绪中的领导者有关，这种情绪似乎会让周围的每个人都感到紧张和不安。

一个领导者不必在这些极端情况下表现出他的情绪，如火箭情绪、大师情绪、沮丧情绪或恐慌情绪。即使是较温和的版本也能捕捉到每个类别的本质。让自己保持积极的一面，并且高能量的方面越来越多，这是至关重要的，因为即使是解决困难的数学问题，在公众场合演讲也会让你感到兴奋而不是焦虑。哈佛商学院的艾莉森•伍德•布鲁克斯（2013 年）发现，人们会因为即将到来的重要挑战（如演讲或测验）而情绪激动，当他们把这解释为兴奋而非焦虑时，他们会做得更好。积极的火箭情绪能帮助你做到这一点。她还发现，人们试图采用旧策略使自己冷静下来的时候，往往会做得很糟糕。下面是另一种保持冷静的方法。

实践：检查你的心情

重新思考过去两周的工作。你是不是一直保持同一种情绪，还是在不同的时间经历了不同的情绪？写下你意识到的情绪，试着用书中这一部分所解释的模式来对它进行分类，通过使用情绪地图的四个象限来描述你在第一象限、第二象限、第三象限或第四象限的体验。为了证实你的结论，在你试图评估过去两周的表现时，问问你信任的人和与你互动的人，尤其是那些与你关系密切的人，这是一个很好的策略。写下原因和结果。每个月重复一次这样的练习。几个月后，试着根据以下问题确定你的情绪模式：

- 你具体的情绪是因为特定的原因而出现的吗？有特定的结果吗？
- 你为什么认为是这样？

由于积极情绪和更好的绩效之间的联系是科学确立的，你的目标是朝着持续积极的情绪发展，如火箭情绪和大师情绪。如前一章所述，形成积极的情绪需要改变环境、提高意识、巩固人际关系和改变情绪风格，不要让你的情绪破坏你的领导潜力。相反，让你的心情为你和你的情绪服务。在你发现自己的情绪很好之后，试着主动在重要的会议、演讲、活动之前这样做。

情绪不像情绪风格和个性那样固定，但如果没有受到挑战，它们也可以长期保持下去。不断出现的消极情绪是需要改变的标志，领导者应该经常考虑自己的情绪，以确保自己有机会在适当的时候形成正确的情绪。

情商是一种天赋

20 世纪 90 年代中期，丹尼尔•戈尔曼（1995 年）在他的国际畅销书《情商》（*Emotional Intelligence*）一书中传播了情商（EQ）的优点，在这方面，还有其他书籍、白皮书、学术研究论文、咨询和培训活动、相关服务和专家。跨国公司采用了评估高管情商的做法，甚至发现这一理念有助于管理者发挥领导潜力。正如狄克和弗里德曼（2007 年）所阐述的那样，随着员工在组织阶层上的晋升，他们在情感素养和随后的思考中变得更加娴熟。对我们来说，在改变社会和企业的过时心态时，情绪有时是不恰当的，甚至是具有破坏性的。正如库珀和萨瓦夫（1996 年）早期极具影响力的图书《领导情商》（*Executive EQ*）中所提出的，我们需要从情感上考虑：

• 干涉良好的判断；

• 分散的力量和推动的力量；

• 衰败的迹象和生命力的迹象；

• 妨碍推理和加速推理；

• 妨碍联系和建立信任；

• 抑制客观数据和支持重要信息与反馈机制；

• 计划的复杂性和创意与创新的火花；

• 削弱我们的态度和激活我们的道德；

• 破坏我们的权威，在没有权威的情况下提高我们的影响力。

我们必须把情商的变化归因于世界各地组织的变革浪潮，把情感作为一种现实，需要融入到思维和过程中去。博亚齐斯和戈尔曼（1996 年）在他们合著的《情绪与社会能力量表》（*Emotional Competency Inventory*）一书中提出了一种情绪智力模式，作为第一种管理情绪的整体方法，它启发了大众，并对大大小小的公司产生了深刻的影响。这两位学者和他们的研究人员都在后来的作品中进一步扩展了这种方法（戈尔曼等，2002 年；博亚兹和麦基，2005 年）。这种全面的情商模式，在咨询、指导和训练活动中得到了广泛的应用，包括四个主要的集群，其中两个涉及我们的内部世界，另外两个涉及我们的外部世界：

集群 1：自我意识（内在意识）是指能够识别自己的情绪，包括：

• 情绪自我察觉：认识我们的情绪及其影响；

• 精准自我评估：了解自己的优点和不足；

• 自信：对自我价值和能力有良好感受。

集群 2：自我管理（内部管理）是指能够改变自己的情绪，包括：

• 适应能力：灵活处理变化的环境或障碍；

• 自我控制：抑制团队或组织规范中的情绪；

• 乐观主义：积极的人生观；

• 主动性：积极主动，偏向于行动；

• 成就导向：努力做得更好；

• 诚信：一个人的价值观、情绪和行为的完整性或一致性。

集群 3：社交能力（外部意识）是指能够识别他人的情绪，包括：

• 感同身受：理解他人并积极关注他们担忧的问题；

• 服务导向：认识和满足顾客的需求；

• 组织意识：感知组织内部的政治关系。

集群 4：关系管理（外部管理）是指能够改变他人的情绪，包括：

• 鼓舞人心的领导：激励和引导团体和员工；

• 培养人才的领导：帮助他人提高绩效；

• 改变催化剂：激发或促使变化；

• 冲突管理：解决分歧；

• 影响力：让别人认同你；

• 团队合作：在团队合作中建立共同愿景和协作，与他人合作，建立关系和网络。

简而言之，情商帮助领导者了解并管理自己的情绪和他人的情绪。它从你的内心开始，向你周围的人传播开来。感同身受、积极倾听和内在动机只是情商引领我们生活的几个关键词，它们似乎是领导力修辞的关键要素。安东那可波罗和加布里埃尔（2001 年）认为，这些元素在领导过程中是必不可少的。他们还建议，领导者需要有勇气去领导。有勇气领导意味着强调以下三个情感维度：

1. 情绪作为应对机制（情绪可以帮助我们适应变化的环境）。

2. 情绪作为过渡的品质（情感在不同的情况下保持一个人的价值观）。

3. 情绪作为一个反应系统（情绪支持对情境的解释）。

换句话说，情绪是参与领导的关键因素。在我们的经验中，情商是一种真正的授权资格，因为没有情商，领导者就不能在内部和外部适当地管理情绪风格和情绪。任何激发、影响和感动他人的能力都会被最小化，而且这个人很快就会觉得自己比别人更出色，试图表现得更好，但最终也会像被抛弃的人一样。相反，情商带来了处理情绪的理想倾向，并有很大的成功概率。

不管情商的广泛吸引力及其二十年来如何变化，我们仍然需要经历管理和组织系统，充分考虑到情商的教导和实践。有一些培训和其他的项目已经朝着这个方向发展，但是总体上组织仍然看到和感到厌恶情绪，而不是激励情绪。由于我们的大脑以多种多样的方式使用情感，通过它们的思考和表现，我们希望新一波的情感智能浪潮会冲击公司。这一新浪潮就是神经科学。总而言之，我们不能过分情绪化情感在领导力中的重要性。

特别提示

没有情感的大脑是一个运转失灵的大脑，这是组织、领导和管理人员必须迅速理解的事情，以便更好地对以大脑为基础的领导方式进行校准。情绪帮助我们更快思考、更有道德感，调动自己和他人，提高我们的认知能力，从而提高我们的业绩。意识到你的情绪风格和情绪，并采用一种兼顾内部和外部世界的整体方法，可以帮助你避开情绪和商业不相容的过时概念。领导力主要是一种情感技能，而首席执行官在任何组织层面上都是首席情绪官。

提升脑力：识别领导力情绪

想出一个你曾与之共事或者为之服务的领导，尤其是那些你乐意与他共事或为他服务的领导。然后，再想出一个你想要逃避、对你影响甚微的处于领导地位的人。试着写下这俩人在日常职业生活中的表现，然后做一下比较。同时，想一想，写出他们与其他人的关系如何。你可以从这种比较中学到什么呢？你能识别情感的力量吗？考虑一下你的结论，也许你下次就用上了呢。

参考书目

Antonacopoulou, EP and Gabriel, Y (2001) Emotion, learning and organisational change: Towards an integration of psychoanalytic and other perspectives, *Journal of Organisational Change Management*, **14** (5), pp 435–451

Babiak, P and Hare, DR (2006) *Snakes in Suits: When psychopaths go to work*, HarperBusiness, London

Boyatzis, RE and Goleman, D (1996) *Emotional Competency Inventory*, The Hay Group, Boston, MA

Boyatzis, R and McKee, A (2005) *Resonant Leadership: Sustaining yourself and connecting to others through mindfulness, hope, and compassion*, Harvard Business School Press, Boston

Brooks, AW (2013) Get excited: Reappraising pre-performance anxiety as excitement, *Journal of Experimental Psychology: General*, **143** (3), pp 1144–1158

Buhayar, N (2013) 'Laser-focused' CEOs proliferate as jargon infects speech, *Bloomberg online*, URL: www.bloomberg.com/news/articles/2013-09-11/laser-focused-ceos-multiply-with-promises-from-ipads-to-macaroni, accessed 4 June 2015

Conley, C (2012) *Emotional Equations: Simple truths for creating happiness+success*, Simon and Schuster, New York

Cooper, RK and Sawaf, A (1996) *Executive EQ: Emotional intelligence in leadership and organizations*, Perigee, New York

Craig, AD (2010) The sentient self, *Brain Structure and Function*, **214** (5–6), pp 563–577

Damasio, A (2004) Emotions and feelings: A neurobiological perspective, in *Feelings and Emotions: The Amsterdam symposium*, eds AS Manstead, N Frijda and A Fischer, pp 49–57, Cambridge University Press, Cambridge

Damasio, A (2008) *Descartes' Error: Emotion, reason and the human brain*, New Edition, Penguin, New York

Davidson, JR and Begley, S (2012) *The Emotional Life of Your Brain: How to change the way you think, feel and live*, Hudson Street Press, New York

Dijk, CFV and Freedman, J (2007) Differentiating emotional intelligence in leadership, *Journal of Leadership Studies*, **1** (2), pp 8–20

Dutton, DG and Aaron, AP (1974) Some evidence for heightened sexual attraction under conditions of high anxiety, *Journal of Personality and Social Psychology*, **30**, pp 510–517

Ekman, P (2007) *Emotions Revealed: Recognizing faces and feelings to improve communication and emotional life*, Owl Books, New York

Ellis, BJ and Boyce, WT (2008) Biological sensitivity to context, *Current Directions in Psychological Science*, **17** (3), pp 183–187

Fayol, H (1930) *Industrial and General Administration*, Sir Isaac Pitman & Sons, London

Fayol, H (1949) *General and Industrial Management*, Sir Isaac Pitman & Sons, London

Fox, E (2013) *Rainy Brain, Sunny Brain: How to retrain your brain to overcome pessimism and achieve a more positive outlook*, Arrow Books, London

Gallate, J, Wong, C, Ellwood, S, Roring, RW and Snyder, A (2012) Creative people use nonconscious processes to their advantage, *Creativity Research Journal*, **24** (2–3), pp 146–151

Goleman, D (1995) *Emotional Intelligence: Why it can matter more than IQ*, Bantam, New York

Goleman, D, Boyatzis, R and McKee, A (2002) *Primal Leadership: Realizing the power of emotional intelligence*, Harvard Business School Press, Boston

Gonzalez, M (2012) *Mindful Leadership: The 9 ways to self-awareness, transforming yourself and inspiring others*, John Wiley and Sons

Gu, X, Hof, PR, Friston, KJ and Fan, J (2013) Anterior insular cortex and emotional awareness, *Journal of Comparative Neurology*, **521** (15), pp 3371–3388

Le Merrer, J, Becker, AJJ, Befort, K and Kieffer, LB (2009) Reward processing by the opioid system in the brain, *Physiological Reviews*, **89** (4), 1379–1412

Miller, L (2009) *Mood Mapping: Plot your way to emotional health and happiness*, Rodale, London

Miller, M, Bentsen, T, Clendenning, DD, Harris, S, Speert, D and Binder, C (2008) *Brain Facts: A primary on the brain and nervous system*, Society for Neuroscience, Washington

Nadler, RT, Rabi, R and Minda, JP (2010) Better mood and better performance: Learning rule-described categories is enhanced by positive mood, *Psychological Science*, **21** (12), pp 1770–1776

Parvizi, J, Jacques, C, Foster, BL, Withoft, N, Rangarajan, V, Weiner, KS, Grill-Spector, K (2012) Electrical stimulation of human fusiform face-selective regions distorts face perception, *Journal of Neuroscience*, **32** (43), pp 14915–14920

Ronson, J (2011) *The Psychopath Test: A journey through the madness industry*, Picador, London

Taylor, WF (1911) *The Principles of Scientific Management*, Harper & Brothers, New York and London

Weber, M (1947) *The Theory of Social and Economic Organization*, Free Press, New York

第五章

情绪影响力：有效处理核心情绪

恐惧等于努力工作

任何人都不应低估职场恐惧的力量。尤其是我们的真实案例中的主管，她在早年的职业生涯中和一个用铁腕手段领导的老板密切合作，这位老板总是尽力在办公室里四处散播恐惧。尽管她原则上不同意这种做法，但本能地从这位老板那里学到，人们会因为恐惧而不是激励更专注、更努力地工作。她只需要观察自己对老板创造的情感环境的反应，就能理解恐惧的有效程度。果然，有些人无法处理，要么崩溃，要么离开（或两者兼而有之）。但这种做法的必要性显而易见，当时该公司面临的挑战是：激烈的竞争、政治动荡和高额风险，确实不适合空洞的软弱治理。这是一场强者的游戏，只有强者才能生存。于是，她做到了。

她花了好几年时间才成为了这家公司的高级主管。但多年来，她并没有把她早年学到的主要经验收起来。无论是对她还是对她的下属的激励，恐惧是她最大的武器。她所在部门的一种普遍恐惧的文化帮助她训练出忠诚的、更容易管理的员工。恐惧使她处于控制之中，而控制则是她管理自己和他人所需的一切。她相信一个简单的等式：恐惧形成控制，控制形成有效的管理，有效的管理激发出色的表现。然而，她并没有完全忽视积极激励的好处。她使用非正式和正式的积极措施来达到特定的目标，比如吸引新员工，使团队免于持续的情绪崩溃，防止人们离开公司，有时甚至让自己感觉更人道。毕竟，她相信人类天生就是善良友好的，她是大多数朋友和家人的好朋友。只是严肃的公司需要严肃的工作方法。因此，“棍子”是为了使人们保持秩序和持续运转，而“胡萝卜”是为了吸引新的人才而阻止优秀员工离开。“胡萝卜和棍子”（软硬兼施）是她的领导力工具箱，简单而有效。

然而，当一位新的人力资源主管（CHR）在一次高层会议上指出，他们再也负担不起任何离开公司的优秀人才时，她就开始面对难题了。这是因为，根据最新的企业文化调查，许多部门的风气必须立即改变，要变得更加积极。在这项内部研究中得分较低的部门就是她的部门。而且她的部门的人才流动率最高。按照这些数据，CEO 要求与她进行一次私人会晤。在那次会议上，她有机会解释她的做法和迄今为止的效果，她认为没有理由改变她的“胡萝卜和棍子”的做法。她声称自己知道如何利用情绪激励她的员工和她自己，但是对整个新形势感到沮丧。这位 CEO 与新的 CHR 一起请她接受强化的情绪训练，并指派给她一个新的职业教练，专攻情感管理。过了一段时间，她说她的生活发生了变化，她现在看到了人类的情感是多么的复杂。作为管理者，她变得更称职；作为领导者，她让团队和同事更满意。现在，她清楚地认识到，严肃的事情需要一种严肃的情绪处理方法，而不是她过去采纳的简单方法。

为什么管理层和企业界对情绪严肃而深入的讨论总是如此之久？为什么当承认情绪可能确实起作用的时候，他们会使用一些羞辱性的概念？比如，胡萝卜和棍子，这些都更适合驴子而不是真正的人。作为一种核心管理工具，恐惧心理在任何类型和规模的组织中都普遍存在，正如我们在世界各地的培训经验所表明的那样。对公司情绪过分简单化的观点，在管理风格上占据主导地位，部分原因是基本的神经生物学基础缺失。换句话说，世界各地的大多数管理教育项目，特别是工商管理，都是基于管理学传统经验支持的原则和基础，忽略其他特别要求情商和社会智慧成为管理和领导技能的重要发现(海斯,2014年)。我们有什么样的情绪？领导者如何认识它们，并在他们自己和组织中的其他人中使用它们？情绪会带来巨大的动力，现代领导者不再会忘记他们的实际工作方式，在他们的组织中更好地发挥作用。

人类的基本情绪

正如前几章所述，我们有一个更广泛的共识，即情绪对人类的激励和行动是必要的。没有情感，就没有任何行动的紧迫感；无法从稳定状态转移到一个动态的运动状态。因此，改变的需求越高，即使是在许多当代工业中，对变化的需求也越迫切，人们就越迫切地需要情感来保持人们的变化，采取主动，为新问题带来新的解决方案。大脑实际上是为这个而构建的，但是我们是否恰当地使用了大脑呢？

大脑中的情绪状态通常被描述为连续统一体，在两个极端中分别是正的和负的，中间是中性的。这两个极端都是为了让我们移动，不管是朝向还是远离一个物体、一个人或一个情境。埃兰妮•福克斯（2013年）将这两种情况描述为我们大脑中的“回避”或“接近”系统，它依赖于大脑信息的解码，激活不同的回路，从而使我们行动起来。这里的重点是，在这个连续体中存在的情绪的数量，并形成了一个工具箱，供领导们和自己或他人来激活“回避”或“接近”系统，这是在心理学和神经科学中建立的。我们将在这里对其中的几个进行介绍，突出它们的相似点和不同点，以演示它们是如何工作的。

我们以前把情绪状态（情感）从他们的主观认知（感觉）、中间模式（感觉）和长期的人格模式（情绪风格）中分离出来。我们在第四章中分析了情绪风格。现在我们要处理的是关键因素——情感本身，在科学上曾对那些驱动我们行为的核心情感进行过识别。这是因为，尽管我们使用了各种各样的名称来描述我们在日常生活中的内部状态，但科学家们发现，实际上其中只有一小部分可以支配我们的大脑和身体。了解这些以及它们之间的关系，可以帮助我们更有效地应对日常的个人和业务挑战。艾克曼和他的老师汤姆金斯都研究面部表情来揭示人类基本的情感。艾克曼（2007 年）的面部表情模式认为，人类有六种基本情绪——愤怒、厌恶、恐惧、快乐、悲伤和惊奇；而发表于 1962 年和 1963 年的汤姆金斯（2008 年）模式，确定了九种基本情绪，他称之为“效应”，其中一些互相配对，配对率越高，表达越高效；而学者内森逊声称：“我们每个人的情绪都有天生的，预先编程的基因传递机制”（内森逊，1992 年）。具体内容如下：

1. 享受（低），喜悦（高）。这是对成功的积极反应，情绪越高，分享意愿就越强。

2. 兴趣（低），兴奋（高）。这是对新形势的积极反应，情绪越高，参与感就越强烈。

3. 惊讶（低），惊吓（高）。这是对突然变化的中性反应，可以使我们的冲动清零。

4. 愤怒（低），愤怒（高）。这是对威胁的消极反应，情绪越高，身体或言语攻击就越强烈。

5. 悲痛（低），苦恼（高）。这是对损失的消极反应。

6. 恐惧（低），惊骇（高）。这是对危险的消极反应，情绪越高，逃跑或躲藏的冲动就越高。

7. 羞耻（低），羞辱（高）。这是对失败的消极反应，因此需要检讨自己的行为。

8. 厌恶。这是对不好的产品的消极反应，并不一定限于食物，而且它会激发驱逐和拒绝。

9. 轻蔑。这是对排斥情况的一种消极反应，它加强了逃避或与某人某事保持距离的冲动。

艾克曼的六种基本情绪和汤姆金斯的九种基本情绪都影响了世界各地的科学与非科学专业人士，主要是因为他们的研究和人类面部表情的直接关系。这些基本情绪包括面部的宏观和微观表情，后者不能被自觉地探测或操纵，从而揭示大脑深层结构以及它们对刺激的冲动反应。艾克曼模式的最新研究将面部表情的基本情绪减少到只有四种：幸福、悲伤、恐惧 / 惊讶、愤怒 / 厌恶（杰克等著，2014 年）。这项研究利用最新的技术和方法表明，随着时间的推移，幸福和悲伤会由独特的面部表情显示出来，而恐惧和愤怒则会分别以惊讶和厌恶的方式传达最初的信号。虽然，随着一个表达周期的成熟，这些配对会再次分离，但很明显，面部信号是由生物和社会进化压力共同设计的，目的是通过进化预测来优化它们的功能。因此，恐惧和惊奇最初是一样的，愤怒和厌恶也一样。当面对一个消极的刺激，即将危及我们的生存时，快速的反应和快速的信号传递是非常重要的。

基本的情绪和它们之间的关系与大脑中的化学物质有着内在的联系。雨果·拉夫黑姆模式（2012 年）第一次全面地将三种单胺神经传递化学物质的相对水平联系起来：血清素、多巴胺和去甲肾上腺素。将汤姆金斯的九种基本情绪与这三种神经递质结合起来，显示出哪些化学物质必须高，哪些情绪必须低。血清素是一种能控制我们的行为的化学物质，可以使我们清晰地思考，调节我们的情绪，尤其是在高度喜悦和兴奋的积极情绪中，以及惊讶和厌恶的消极情绪中避免攻击（巴达维，2003 年）。这可能是因为，在这样的情绪状态下，我们最不需要立即表现出侵略性，而最需要表现出开放和良好的决策能力。多巴胺是一种唤醒激素，它能让我们通过预期的结果来行动，它在愉悦和兴奋的两种积极情绪中很高，在恐惧和愤怒的负面情绪中也很高。这表明，多巴胺不仅仅是为了积极的（与奖赏相关的）情况，还包括那些需要我们立即预测可能结果和适当反应的消极因素（舒尔茨，2002 年）。压力荷尔蒙，去甲肾上腺素（也叫诺肾上腺素）在痛苦、愤怒、感兴趣和惊讶时处于高度，这是一种有趣的消极、积极和中性情绪的混合体。这是因为，当我们面对的情况与我们的记忆和预期所准备的完全不同时，去甲肾上腺素是最高的，因此我们经历了意想不到的不确定性（羽和达杨，2005 年）。惊奇、感兴趣、愤怒和悲伤与高度去甲肾上腺素有着天然的联系。在这种情况下，我们需要重新审视我们所知道的，并可能学习的新方法和行为。拉夫黑姆模式有助于我们更深入地了解情绪的神经生物学以及当我们经历这些情绪时大脑的变化。

我们的前提是，不管遵循何种模式，领导者和管理者都需要了解基本情绪，并将它们与感觉、心情和情绪风格分开，以便在各种挑战中更有效地与它们合作。意识到情绪对行为的自动反应，领导者可以更好地指导自己的行为和他人的行为。在我们的大脑中，“胡萝卜和棍子”这种过于简单化、有时带有攻击性的模式，是对我们大脑中“逃避”或“接近”系统的一种讽刺的表示，必须被更现实、更复杂的情绪知识和实际影响我们的激励所取代。

汤姆金斯模式在组织中的应用

我们已经在客户身上应用了汤姆金斯的九种核心情绪模式，每个经理和有抱负的领导者都可以随时提供以下的关键见解。我们已经将它改造成适合商业和机构环境的产品。

处理积极情绪：

1. **庆祝**。任何成功，即使是最小的成功，都要为你自己和你的团队组织一次庆祝活动。虽然庆祝活动的规模和类型应该与成功的规模和类型直接相关，但决不允许不庆祝成功的事情发生，无论成功有多小，都要庆祝。分享你的快乐，你的团队将会分享它在组织内外的多重积极作用。庆祝是一种社会过程，而不是个人过程。

2. **探索**。根据前一章所描述的成长心态，对新的数据、人员、情况等进行研究，应该以真正的兴趣，甚至是激动的心情看待。根据汤姆金斯研究所（2014年）的说法，这种方法直接将有效的思维和良好的情感联系起来，因为学习是一个有益的过程。通过激动地探索你周围的世界，可以不断地改进你的思想和记忆。这是加强接触的最安全的方式。此外，世界情感神经科学权威人士雅克·潘克塞普也曾表示，他的模式中的7种原始情感中，即寻找、愤怒、恐惧、欲望、忧虑、恐慌或悲伤、玩耍，寻找可能是最强大的一种，因为当我们从新的知识连接、新奇的想法、尖端的技术，以及当我们热情地寻找意义时，大脑中寻找刺激的回路（潘克塞普和比温，2012年），也就是说，寻找使我们的激励朝着我们所寻找的方向发展。

处理中性情绪：

3. 停下来想一想。当你经历突然的、短暂的、意想不到的改变时，最好避免下意识的反应，在行动之前仔细考虑一下实际情况。尤其是当你在你的内心短暂地观察你的时候，你无法快速地给出令人信服的见解（基于记忆和经验），停下来，给自己和你的团队留出时间去思考，更好地考虑实际情况，这是最好的策略。重要的是，向我们自己和团队承认这一事实，并不会使我们成为更弱的领导者，而是更明智的领导者。

处理负面情绪：

4. 充电。各行各业的企业和组织都面临着不断变化和不断增加的威胁。无论是在地理上还是在工业上，新的竞争者都来自任何地方，甚至威胁到已经成立的公司的存在。公司内部也存在威胁，人们试图以牺牲他人为代价来发展自己的事业。当有太多这样的威胁和一些重大威胁时，大脑会产生愤怒的反应。这源于大脑中神经元放电过多，导致无法有效地解决眼前的挑战。所以，当你感到愤怒，想要全力进攻时，问问你自己，这是否真的是一个负担过重的大脑，攻击是不是最好的前进方式。想要攻击，就会发现攻击者实际上是你，所以你需要重组你自己和团队，以确保你的回应能够被优化。这也表明你的准备或态度没有足够的标准来应对所发生的事情。

5. **警示**。同样地，当情况看起来不利时，大脑就会因为自然的哀痛而陷入悲痛。对领导者和管理者来说，出现问题的感觉是一个很好的机会，他们可以向他们的同事（当然也是他们自己）伸出援手，并提醒他们需要采取不同的行动。在困境中保持沉默或试图忽视问题是最糟糕的选择，因为几乎没有什么能像这样改善——如果有的话。警示，作为庆祝，应该始终是一种社会反应。

6. **重组**。当我们面对生命或死亡的时候，恐惧或恐慌是非常有益的，因为它把我们所有的注意力都集中在我们面前的威胁上。虽然战斗或逃跑是对恐惧的经典反应，但接受失败和迅速撤退是汤姆金斯模式中最常见的反应。恐惧是提升注意力的好工具，但只限于短时间内有效。这是因为它会迅速消耗掉许多其他重要的大脑功能，因为它会将所有的能量转移到注意力和肌肉紧张状态，以应对潜在的致命威胁。许多喜欢恐惧的管理者，就像本章开头的案例一样，可能会这样做，因为这可以让他们在工作中把自己和周围的人集中起来。不过，这也带来了巨大的副作用，而且在不太小心使用的情况下，是一种于己不利的武器。恐惧释放类固醇激素皮质醇，如果持续触发，会产生毁灭性的影响：杀死脑细胞，关闭免疫系统和扰乱睡眠周期等等（布朗等，2015 年）。根据《没有恐惧的组织：来自神经科学的企业文化变革重要启示》（布朗等，2015 年）一书作者的观点：这就像驾驶一辆车，一只脚踩在油门上，另一只踩在刹车上。在面对恐惧时，通过现实地审视威胁，在最亲近的人的帮助下，重新构建我们自己并重新确立我们的战略，可以提供极大的帮助。

7. 充满信心。汤姆金斯模式中的羞耻感，与其说是表达感情，不如说是隐藏感情。更重要的是，有人降低了你的快乐，而不是创造一种全新的情感。领导者们可能会因为撤回自己的自我、关闭沟通渠道、认为形势无助而面临失败。或者，他们可以利用这种情绪作为一种严肃的信号来审查他们的行为和他们的总体立场，以便采取适当的改进措施。要做到这一点需要意志力和强大的成长心态，但结果可能是惊人的。让你自己和你的团队对你的集体能力和未来的成功充满信心，这对处理羞耻感有奇效。

8. 反复检查。厌恶是指吞下太多与我们自身价值观、态度和观点不符的东西。这是一种冲动的反应，拒绝接受事物、人、想法，打个比方说，我们无法消化的情况。不要表现出轻视和疏远别人，当感觉像是立即驱逐某人或某事时，最好是再次检查这个反应来自哪里。它是正当的，还是因为职业倦怠引起的犬儒主义、成见和其他偏见，以及被误解的信息？同样的道理也适用于“轻蔑”，字面意思是“把我们自己从某件事物中迅速转移”，因为它对我们的健康有潜在的毒性作用。冲动是尽可能快地创造尽可能多的距离。这种情绪可以在我们暂时认为情况是“有毒的”和我们想自动返回的时候接管。再次，反复检查这种冲动的原因很重要，要确定这是否是最好的行动（很容易做到），或者我们只是被环境和我们自己的偏见所愚弄。

任何情感都不应被忽视、压抑或废弃，因为情感已经进化了数千年，以确保我们的生存，无论是生理上还是社会上的情感。正如汤姆金斯所建议的，我们的角色是增加正面情绪对负面情绪的影响。利用所有的情绪，甚至是消极的情绪，来提升我们的个人表现和团队的表现，将鼓舞人心的领导者与失去动力的管理者区分开来。

实践：识别情绪

按照上面提到的模式，试着想想你最近经历过的强烈情绪的具体情况。试着写下一些基本的关键词，你的大脑可以利用这些关键词来管理基于以上关键观点而产生的情绪。从现在开始，你可以用这些关键词来激活和处理不同情况下的情绪。

普拉特切克理论

理解和有效地处理核心情绪是成为一个更好的领导者的首要步骤。下一步，也是更高级的一步，就是了解情感是如何结合起来的，以便创造出我们日常生活中所感受到的丰富情感。在这个方向上，罗伯特•普拉特切克博士，在 20 世纪 80 年代初，超越了基本情绪的识别，这表明，当与他情绪结合时，每一种情绪都会产生新的情绪，而每一种情绪都形成了另一种情绪的对立面。通过研究普拉特切克博士的情感组合，我们得到了一个更复杂但也是对自己和他人情绪的功能比较有代表性的观点。

普拉特切克博士（2001 年）从他的基本情绪的观点出发，认为他的八个核心情绪都有一个对立面：快乐伴随悲伤，信任伴随厌恶，恐惧伴随愤怒，惊讶伴随期待。了解情绪的对立面是很重要的，因为当你经历一种基本情绪的时候，你就能分辨出它的对立面是什么，并采取必要的行动。例如，当你不信任一个同事，而你想改善情况时，你需要降低厌恶感，因为我们已经看到了拒绝和驱逐。你可以仔细检查事实，重新审视自己的感受，并在你自己身上找出这个人提供的东西和你自己的幸福相反的原因，这是一个良好的开端。与你的同事在建设性和积极的方面分享你的发现，并共同努力改善你的信任，这是推荐的方法。惊喜和期待也是一样。所有行业的变化瞬息万变，以及我们工作生活的巨大复杂性，都使期待成为一种难以维持的情绪。持续的期待可以带来确定性，确定性意味着安全和控制。因为这些都是供不应求，在现代商业环境中，如果我们不想让我们自己和我们的人民不断地惊讶（一种情感，很容易发展成一种负面情绪），那么，我们应该尽量减少对特定结果的严格期待，将其作为幸福、个人和集体的先决条件（在团队中）。第三章中讨论的有目的小投注方法可以非常有效地避免大的确定性和严格期待。第三章中的强烈的目的感，也有助于发展健康和开放的期待，从而减轻不断令人不愉快的意外。

但是，普拉特切克博士甚至进一步建议把两种情绪放在一起创造新的情感，他知道这些成分的情绪可以帮助我们更好地处理这种情绪。主要的组合如下：

- 快乐和信任创造爱（A），对立面是由悲伤和厌恶创造的悔恨（B）。
- 信任与恐惧创造服从（C），对立面是由厌恶和愤怒创造的轻蔑（D）。
- 恐惧和惊奇创造敬畏（E），对立面是由愤怒和期待创造的攻击（F）。
- 惊讶和悲伤创造反对（G），对立面是由期待和喜悦创造的乐观（H）。

一个可怕的老板带来的结果通常会导致服从和恐惧，就像在本章开始说的那样。根据我们的经验，不幸的是，在全球许多组织中，服从作为一种领导情感的选择是主导的。不管严格遵守规则的服从，还是可预测性的好处，顺从的行为可能是极其危险的。不仅是因为创造力会受到致命伤害，而且群体思维在顺从的环境中也会茁壮成长，行为也很容易发生更黑暗的转变。在斯坦利·米尔格拉姆和菲利普·津巴多的开创性实验中表明，服从会导致不道德的行为，因为人们在服从的权威下，中止了自己的道德和理性的判断。米尔格拉姆（1974 年）在 19 世纪 60 年代早期进行了实验，参与者们分别扮演老师和学生，他要求老师给其他参与者带来痛苦，当学生们学习出错时，老师们就使用电击来惩罚他们。学生们是从来没有受到电击的演员，电击仪器是假的，但是老师们对此一无所知。尽管如此，许多教师，多达 65% 的教师，在实验人员要求他们这样做的时候，选择管理电击，即使是非常高强度的电击，也正确地遵循测试的协议。津巴多（2007 年）在 1971 年进行的臭名昭著的斯坦福监狱实验中，参与者被要求在监狱环境中生活，并根据被分配的团队来充当看守或囚犯。仅仅六天之后，实验就不得不停止了，因为囚犯们在看守的要求下，受到看守和其他囚犯的广泛虐待。这两个经典的实验强调，顺从和服从可以很容易地把一些正常人变成折磨的工具。它还表明，权力或权威的使用是一种默认的情感，让人们改变他们对他人的态度。在组织中，这意味着将恐惧和信任结合在一起会导致人们失去控制，造成一种不道德的环境，其中欺骗、撒谎和凌辱成为常态。在最近的一项研究中（撒艾克杰斯，2016 年），研究者对在金融危机下经营的不同公司的经理和员工进行了多次采访。这项研究的结果表明，管理人员更愿意使用上述行为来管理员工的反应，以适应关键局势的变化。换言之，背景本身（如危机）可以增强服从和顺从，作为领导者对追随者的消极态度。正如我们从本书一开始就提到的那样，组织需要有激情、有创造力的人才，这是顺从行为永远不能帮助我们发展的特质。

有趣的是，爱是信任和快乐的结合，因为兴奋伴随着对某人的信任创造了一种牢固的纽带。爱和顺从都是信任的关键因素，但快乐取代恐惧创造了爱。这是普拉特切克博士的一个关键点（2001 年），情绪分析对领导者有很大帮助。信任对于发展跟随者是至关重要的，但伴随着恐惧或喜悦而产生的追随者会非常不同！我们都需要剖析情绪，以便可以看到用来激励我们自己和他人的最佳组合。

实践：解码普拉特切克的情感组合

定义和理解“情绪”并不容易，因为正如普拉特切克所承认的，关于它们的真正含义，相关文献中有超过 90 种定义。然而，你可以通过花费一些时间来考虑和应用他的组合来极大地改善你的情绪。你可以单独研究每个组合，从 A 到 H，试着把它们和你自己工作环境中的真实例子联系起来。试着看看如果增加或减少任何一种基本成分会发生什么。最重要的是，要找到对你个人来说可能的方法。例如，攻击包括愤怒和期待。如果你对一个同事、一个部门或一个程序有持续的攻击性，是否可以通过降低或改变你的愤怒、期望或两者来降低它对你的负面影响？这种情绪策略怎么可能发生呢？

在将情感组合的概念进一步发展的过程中，企业家、演说家兼作家切普·康利（2012 年）提出了一系列的情感方程式，他称之为“情感方程式”，可以帮助我们更有效地实现我们的职业目标和人生目标。在普拉特切克把两种情感放在一起创造新事物的理论基础上，康利创造了他自己的复杂的公式。其中三个与我们现代的智力型领导观点是一致的。

1. **好奇 = 惊奇 + 敬畏**。我们已经讨论了好奇心作为创造力的先决条件，以及它在提出问题时的重要性，允许大脑处理新信息，挑战旧的偏见。根据康利的说法，好奇心包括两种主要成分：惊奇和敬畏。惊奇是发现的纯粹兴奋，而敬畏是恐惧和惊奇的结合。为了让我们的领导好奇心能够很好地发挥作用，我们需要让自己面对一些可能令人惊奇的东西，例如，一种新产品或新服务、同事、技术等等，与谦逊以及成为比我们自己更大的事物的一种感觉紧密联系在一起。敬畏使我们能够与周围的世界联系，并在经历一些宏伟的新事物时，采用一种更现实的观点，而不丧失惊讶的一面。没有惊奇的好奇是枯燥的、肤浅的、短暂的，而没有敬畏的好奇心则充满了傲慢、孤立和误解。

2. **后悔 = 失望 + 责任**。在动态的商业环境中，领导者每天都要做出很多决定。尽管其中一些决定比其他的决定更有分量，但对于每一个决定来说，选择通常是充足的，而选择一种替代方案则会在情感上产生事与愿违的结果。这个等式表明，失望越多，责任就越大，失望和责任越多，后悔就越多。康利认为，后悔本身并不一定是一种破坏性的情绪，但如果它变成了悔恨（极度的后悔），那么它将是毁灭性的。从我们的经验来看，后悔一项决定是有益的，因为它能带来深刻的学习，还可以纠正未来的行为。然而，我们也看到遗憾成为常态，促使管理者质疑他们的技能，损害他们的决策能力。领导力中的后悔是不可避免的。通过采取长远的人生观、寻找失败的教训、在适当的时候委派责任、始终注意大局，尽量减少失望，这是解决这个问题的有效策略。

3. **朝气蓬勃 = 积极频率 ÷ 消极频率**。正如康利所说的，朝气蓬勃，或积极，是关于我们生活中积极与消极事件之间的关系。更好的说法是，这是关于我们对它们的看法。为了使这个等式有一个有利的结果，积极的事件必须比消极事件多三倍。这是因为消极情绪对我们的吸引力大于积极性，所以积极的事情总是比消极的事情更能让我们真正地发挥作用，并导致朝气蓬勃。从进化的角度讲，我们对消极刺激的敏感度要高于积极刺激，显而易见，在所有核心情绪模式中，消极情绪总是大于积极情绪。在我们的原始时代，消极情绪比积极的情绪更能确保生存，这就是为什么我们往往注意到消极多于积极。然而，在当今更安全的环境中，正是积极性导致了更健康、更可持续的激励，从而形成了能够确保创造性、参与性和成长性的企业行为。改变我们的视角，开始注意我们周围更多的积极信息，确保我们在正确的价值观下运作，从任何事件中吸取任何教训，并将我们自己与其他积极的人联系起来，可以帮助我们让这个等式的分子增大、分母减小。

所有这些方程式，加上普拉特切克博士的情感组合，最终都能对你的领导能力产生积极或消极的影响。这是你自己的决定。你现在有足够的素材开始你的情感工具箱，创造你自己的情感组合，帮助你实现个人和组织目标。然而，有一种特殊的积极情绪状态，已经被组织忽视太久了。虽然我们都试图在我们的私人生活中最大化这种状态，但对许多人来说，它似乎与管理不一致。这就是快乐，它的优势将使所有仍然认为工作场所必须承担负面情绪的人感到惊讶，例如人们害怕优化他们的表现。

积极领导力

克劳迪娅·哈蒙德（2005 年）在《情感过山车》（*Emotional Rollercoaster*）一书中提到，当人们被要求说出情感的时候，幸福通常是最重要的，而且它存在于几乎所有已知的核心情感模式中（通常被科学家称为快乐，以便更清楚地捕捉到它的瞬间表达）。基于这一观察，心理学和神经科学在我们的思想问题上占据了如此长的时间，而且不是积极的一面，这是值得注意的。这可能进一步证明了我们大脑的消极偏见，就像前面提到的那样。直到 1998 年，美国著名心理协会（APA）的主席马丁·塞利格曼才宣布，心理学必须把更多的注意力放在我们大脑积极的一面，并声明他的研究重点是积极心理学（沃利斯，2005 年）。正是在这个时候，科学家们对消极情绪的痴迷被一种更为平衡的方式所取代，其中包括那些使我们的思想蓬勃发展的因素，而不仅仅是那些使我们精神失常的因素。

我没有幸福感

滚石乐队在1965年首次发行的一首最著名的歌曲《我得不到满足》（*I can't get no satisfaction*）在世界各地传唱。他们当时是对的。管理和市场营销一样，都认为满足感是员工和顾客的核心衡量标准。他们的想法是，如果员工和顾客满意，他们就会按照自己的方式行事，成为拥有生产力的员工和经常购买的顾客。这个管理理念在 80 年代出现的最流行的管理模式之一中发现了它的极限，称为全面质量管理（简称 TQM）（萨艾考杰斯，2005 年）。满意度主要是基于多重差异理论（米哈洛斯，1985 年），在这种理论中，人们的满意程度取决于他们对自己的不同标准，包括对其他人、目标、理想的满意程度和过去的条件。当比较显示有利的结果时，满意度越高（比较之下，设定的标准要低于当前的个人状态），当比较不利时（比较向上设置的标准高于实际），满意度就越低。这种方法的问题在于，仅仅是满足感并不能导致我们希望自己和员工表现出的更高的行为。在大多数情况下，满足感似乎是增加接触和提高忠诚度的必要条件，但不是充分条件。我们在客户组织中进行了大量的研究，使用定量的和更具探索性的定性方法，帮助他们找出性能改进的关键问题，不断地发现满意度与任何重要因素很少相关。我们认为，满足感在今天有了新的含义，主要是因为不确定性。最近的全球金融危机、世界各地的竞争加剧、技术进步日新月异、企业外包和裁员计划，甚至是气候变化，都造成了一个未知的前景，这自然会使许多人感到惶恐不安。在这样的环境中，只要有一份稳定的工作，定期获得报酬，对全世界的许多人来说，就是一个满足感的良好来源。它实际上意味着“我现在很好，看看你周围”或者“我现在很好，我没有更大的野心”，而不是“我们会做得很好”！此外，根据赫茨伯格著名的保健激励理论（赫茨伯格等，1959 年），我们观察到，满足本身已经成为一个保健因素，而不是一个激励因素。这意味着，满意度作为衡量员工幸福感的一个可衡量因素和明确的商业术语，实际上是在衡量基本的接受程度，充其量也不过如此。

没有一个伟大的领导者会因为创造一个令人满意的工作环境而被人们记住。满足是不够的。伟大的领导者之所以伟大，是因为他们能传播强烈和令人心跳加速的积极情绪。所以，法瑞尔·威廉姆斯于 2013 年发布的全球热门歌曲《幸福感》构成了现代领导风格的配乐，而没有顾及滚石乐队的“满意度”。

领导者走向一个更积极的心态是必要的，可以开始认真对待，并解开积极情绪的密码。幸福（或快乐，或其他名字的主观幸福感）迅速上升为科学和流行文化中选择的积极情绪。不幸的是，这意味着表情符号无处不在。幸运的是，这也意味着对我们大脑和行为中幸福的内在机制的重要研究。对于更广泛的社会和组织来说，对幸福的研究带来了惊人而有力的洞察力。幸福不仅仅是成功工作的结果，而且是一个先决条件。这种违反直觉的发现违背了现存的价值观，因为在世界上许多文化中，只有在成功毋庸置疑之后，才有资格获得幸福感。然而，勃姆和吕波密斯基（2008 年）发现了支持反向假设的大量证据，也就是说，幸福感是一些员工比其他人更成功的原因。他们回顾了大量的横向、纵向和实验研究，结果达成一致意见：

综上所述，有证据表明，幸福感不仅与工作成功相关，而且幸福感往往先于成功的衡量标准，积极情感的引导会改善工作成果。

这意味着在工作中激发积极的气氛不会破坏成功，但实际上会导致成功。当成功来临的时候，抑制积极的情绪将不可避免地降低成功的机会。这种效果的证据很普遍。快乐工作的全球倡导者西蒙•阿克尔在他的畅销书《幸福感的优势》（*The Happiness Advantage*）（2010 年）中总结了相关研究，请看下面的内容：

• 乐观的销售员比悲观的销售员的业绩高 56%。

• 积极情绪的医生比其他医生的智商高 3 倍，诊断的速度快 19%。

• 在考试之前（在不知情的情况下），心情好的学生比感觉无所谓的学生取得的成绩好很多。

这些强有力的证据，连同他自己对哈佛大学 1600 多名得高分的本科生的实证研究，以及他与世界顶尖公司的专业接触，使他得出了这样的结论：

事实证明，我们的大脑确实天生就能发挥最佳状态，不是在它们消极或中性的时候，而是在它们积极的时候。然而，在当今世界，我们讽刺地为成功做出了牺牲，这只是降低了我们大脑的成功率。我们的艰苦生活让我们感到压力，我们感到被越来越大的压力所淹没，只能不惜一切代价取得成功。

这种代价似乎就是成功本身。这里有一个非常有趣的惊喜。在困难时期，当我们个人或我们为之工作的公司都做得不好时，我们允许负面情绪控制我们，当事情变得更好的时候，我们就把快乐推迟，不管是个人幸福还是集体幸福。这正是使成功变得更加困难和更加遥远的反幸福心态。我们需要做的恰恰相反。不管现在的情况如何，我们都要保持高昂的情绪，始终努力争取最好的状态。从数学上说，这比消极或中性的情绪更容易导致成功，而我们可能会更容易适应困难时期。这就是为什么当我们和客户一起工作时，我们总是尽量创造最好的提升条件，同时也要保持乐观。最近一项关于打击金融危机组织的研究也支持了这一点。特别是，通过考察公司在高危机环境下生存的各种案例研究，观察领导者的行为，以及管理者和员工之间的互动，我们发现，在管理者和领导者关注积极的结果和情绪的情况下，他们取得了更好的结果，并确保了公司在动荡时期的生存（萨艾考杰斯和萨摩斯，2015 年）。

快乐是任何项目成功的基础，因为它能释放智慧、创造力、协作和承诺。我们清楚地记得，当一个被认为无效的团队在我们与团队成员的推荐和互动后产生了积极的气氛时，就会产生疯狂的行动。在年底，这个最初被抛弃的团队获得了公司 CEO 的最高成就奖。在积极的方法被全心全意地彻底应用之前，任何人、任何团队、任何公司都不能绝对地被称为无效。

但是，我们怎样才能在工作中为我们和他人创造更多的快乐来调整我们的大脑以获得成功呢？作家兼教授理查德·怀斯曼在回顾现有的关于提高幸福感的文献后得出结论，通往幸福的最快捷和最可靠的途径包括以下三组行动（2009 年）：

1. **感恩与感激**。幸福是从内而外开始的，因此它需要一个阳光充足的地方。通过定期对发生在你身上的好事表达感激之情，可以创造这个阳光灿烂的地方。如果可能的话，进行书面描述。经常回想一下你曾经生活过的美妙经历，以及它们是如何让你感觉如此的。试着在你的头脑和身体里重新体验和重温这种感觉。检查你的现状，只挑选积极的东西。试着更努力一点，你会惊讶于有多少积极的时刻被忽视，因为消极力量的气势排山倒海。抛开消极的面纱，阳光就会照进来。最后，不要抑制你对亲近你的人的感激。积极地感谢他们的贡献和努力，以及他们对你的个人支持。当表达欣赏的时候，尽量做到明确而具体。这对你和你正在表达感激的人都有好处。

2. **体验与分享**。我们的大脑天生就会对现实生活中的经历做出反应，而不是对物质上的东西做出反应。所以，为了快速提升你的幸福感，你应该尽快开始尝试新鲜的、有益的体验。同时，为你的团队创造和提供这样的体验，而不仅仅是物质奖励。2015 年《财富》评选的 100 家最佳公司（科尔文，2015 年）的结果表明，免费福利和未来派办公室并不是公司上榜的决定性因素，而是在他们的雇员中培养强大、有回报关系的能力。所以，和你喜欢的人一起工作的惊人体验是无形的，它让人们在工作场所感到快乐而不是只顾眼前的利益。科学已经证明，分享是幸福的另一个有力的助推器，这是再自然不过的事情。虽然大多数人不相信，但事实上，分享一件物品或一次经历会比我们自己保留东西时更快乐。正如威斯曼教授所说，即使每天五件与财产无关的善举也能极大地增加我们的幸福感。毫不奇怪，在世界范围的管理类出版物中，不经意的善举（RAKs）已经变得如此流行。

3. **肢体语言和行为**。每当我们在课堂上表演著名的“快乐诱导实验”，其中包括用你的牙齿拿一支笔，结果总是令人震惊。如果你把一支钢笔水平地放在你的牙齿上而不用嘴唇接触几秒钟，你的大脑就会立刻释放出快乐的荷尔蒙，仅仅因为它认为你在微笑。既然你在微笑，好事就一定会发生！相反，如果你用你的嘴唇形成一个 O 形来捏住这支笔的末端，而不是用你的牙齿接触笔，你的大脑会认为你在皱眉头，并释放压力荷尔蒙。这个经典实验的惊人发现是，快乐在测试结束后是持续的，让人们更积极地联系，并改善他们对快乐事件的记忆。这表明大脑和身体之间存在着双向的交流过程。

不仅是“大脑感觉到身体会表现出什么”，反过来也是一样。多微笑，采取更积极、自信和直立的身体姿势，说话时使用更积极的措辞，更愉快的表现会让大脑做出相应的动作。套用格言“成就你想看到的改变”，我们建议你们去“成就你想感到的快乐”。

情感的力量

从情绪的角度来看，如果恐惧和消极是1.0版本的激励，快乐和积极是2.0版本的激励，那么，有一个3.0版本的激励，它需要一个全面的方法来利用我们个人和职业生活中的情感。不管模式如何，所有核心情感都有强烈的进化原因。我们今天所拥有的事实证明，这些情感对我们现在人类的发展起到了推动作用。我们需要尽可能地认识到它们，以便确定它们产生的好处或危险。正如普拉特切克（2001年）所说：“情绪有时会在适应性任务中失败。”这意味着，我们所感受到的一切并非都是真实的；我们愿意做的一切，并非都是由我们的情绪所推动的，也并非对我们和周围的人都是有益的。

乐观主义、幸福感和积极心理学都改进了过去那种简单的行为模式，如“胡萝卜和棍子”，释放了积极的人生观和工作态度的巨大好处。更先进的方法开始出现，最终将改善情绪的管理。著名的负面情绪专家托德·卡什丹和著名的积极心理学家罗伯特·比斯卡斯-迪纳，提倡整体性情感是成功的关键。他们认为：

……现在是我们重新评估长期以来对消极和积极心理的信念的时候了。是时候利用一种新的方式去理解精神健康和成功的含义，把积极和消极看作是更大、更可行的整体的一部分了。那么，整体性就是心理学的圣杯。整体性之于心理学，就像启蒙之于灵性。

当领导们谈论充分参与和最佳表现时，他们看到了企业语言中已经出现的整体性的迹象。这样的语言揭示了组织更倾向于情感的成熟，并利用从简单、死板、过时的情绪分类到积极的好情绪和消极的坏情绪。对他们来说，只有整体才能带来真正的情感敏捷性，这并不是避免消极情绪，而是“将消极情绪从负面情绪中剔除”。他们引用艾德勒和赫什菲尔德（2012 年）对 47 名成年人进行的研究：那些经历过心理治疗的人在经历悲伤的同时，他们的幸福感会比那些只经历过一种或其他情绪的人更好。该研究得出的结论是，混合或并发情绪体验的变化是整体情绪改善的先决条件。简单地说，一个人必须经历和处理积极和消极的情绪，而不是把一个人放在另一个人的优先级上，就像在 1.0 和 2.0 版本的激励的情况下，他们分别喜欢消极和积极的情绪。这些结果是突破性的，因为它们打破了心理学中长期存在的情感范畴之间的障碍，正如本章前面所解释的那样。我们的情绪通常可以说是积极的、消极的、中性的，但这不应该导致你们刻板地认为它们是好是坏。正如我们在本节前面的“汤姆金斯模式在组织中的应用”一栏中提到的，每一个基本情感都必须经历，甚至以适当的方式表达，以便更有效地利用它们并优化它们的利益。每一种情绪都给我们提供了关于环境和我们自己适应环境的重要信号，我们绝不能忽视或压制。领导者在情绪中运用整体性，知道如何保持和避免对每一种情绪的影响，最重要的是，了解所有情绪对他们的激励以及灵活性和幸福感的价值。

对于领导者来说，更深入、更科学地看待情绪是必要的，这也是我们整个社会需要改善的必要条件。在这个方向上，即使是动画电影也会有帮助。2015 年，由皮克斯动画制作，迪士尼影业发行的《头脑特工队》，向孩子和父母介绍了基本情感的科学。在电影中，主要人物的头脑中都刻画着快乐、愤怒、悲伤、厌恶和恐惧的基本情绪。这种拟人化的方法很好地展示了情感是个体行为的关键来源，同时也表现了情感在人际关系中的关键作用。在这样一个世界里，心形符号作为一个高度情绪化的象形文字，是全球语言监测机构在2014年在线使用的年度最佳英语词汇（甘德，2014年），如此广泛的科学普及可以对我们综合理解和接受我们情感大脑的复杂性产生非常积极的影响。

提升脑力：确定职场中的激励模式

创建一个表格，列入三个版本的激励模式。分行列出你周围360度范围之内的所有上级、同事和员工。逐一检查名字，并将每个激励版本归为高档、低档和中档。支配一个人的版本应该是高档，时不时出现的版本应该是中档，而几乎或完全缺失的版本应该是低档。记住下面的内容：

1.0版本：恐惧和消极。

2.0版本：快乐和积极。

3.0版本：整体性和情感上的灵活性。

在考虑每个人的时候，试着记住特定的例子，当积累起来的时候，指出特定的行为模式，作为首选的激励版本的结果。在列表的末尾添加你自己的名字，并为你做同样的事情。尽量保持开放的心态，然后选出在组织中你信任的两个人，通过向他们解释这个概念来让他们评价你。请求他们提供特定的实例来支持他们的判断。你从整个练习中学到了什么？你或周围的人需要改变他们的版本吗？以何种方式改变？如何改变？

特别提示

“胡萝卜”、“棍子”、满足感及其他单一情绪的方法，都已经成为过去时，与现代神经科学并不相容。大脑的化学和回路，以及对物理表达的仔细研究表明，我们有许多核心的情绪，它们已经进化到执行重要的任务，以增加我们的生存机会。领导者和管理者不能在不了解这些情绪是如何工作的情况下履行自己的职责。熟悉各种基本情绪的数量和性质，解开它们之间令人惊讶的关系，利用情感方程式，利用积极心理学的力量，最终把整体的情绪困惑与完整的敏捷情感结合起来，这对于大脑适应性领导力是必不可少的。毕竟，我们的大脑是一种情感器官。

参考书目

Achor, S (2010) *The Happiness Advantage: The seven principles of positive psychology that fuel success and performance at work*, Crown Publishing, New York

Adler, JM and Hershfield, HE (2012) Mixed emotional experience is associated with and precedes improvements in psychological well-being, *PloS one*, **7** (4), URL: http://journals.plos.org/plosone/article?id=10.1371/journal.pone.0035633, accessed 5 July 2015

Badawy, AAB (2003) Alcohol and violence and the possible role of serotonin, *Criminal Behavior and Mental Health*, **13** (1), pp 31–44

Boehm, JK and Lyubomirsky, S (2008) Does happiness promote career success?, *Journal of Career Assessment*, **16** (1), pp 101–116

Brown, P, Kingsley, J and Paterson, S (2015) *The Fear-free Organization: Vital insights from neuroscience to transform your business culture*, Kogan Page Limited, London

Colvin, G (2015) Personal bests, *Fortune*, 15 March, pp 32–36

Conley, C (2012) *Emotional Equations: Simple truths for creating happiness+ success*, Simon and Schuster, New York

Ekman, P (2007) *Emotions Revealed: Recognizing faces and feelings to improve communication and emotional life*, Owl Books, New York

Fox, E (2013) *Rainy Brain, Sunny Brain: How to retrain your brain to overcome pessimism and achieve a more positive outlook*, Arrow Books, London

Gander, K (2014) Top words of 2014: The heart emoji named most used term of the year, *The Independent Online*, Monday, 29 December, URL: www.independent.co.uk/news/weird-news/top-words-of-2014-the-heart-emoji-named-most-used-term-of-the-year-9948644.html, accessed 19 June 2015

Hammond, C (2005) *Emotional Rollercoaster: A journey through the science of feelings*, HarperCollins, New York

Heiss, ED (2014) The MBA of the future needs a different toolbox, *Forbes online*, URL: www.forbes.com/sites/darden/2014/10/01/the-mba-of-the-future-how-many-doing-what/, accessed 6 August 2015

Herzberg, F, Mausner, B and Snyderman, B (1959) *The Motivation to Work*, 2nd edn, John Wiley, New York

Jack, RE, Garrod, OG and Schyns, PG (2014) Dynamic facial expressions of emotion transmit an evolving hierarchy of signals over time, *Current Biology*, **24** (2), pp 187–192

Kashdan, T and Biswas-Diener, R (2015) *The Power of Negative Emotion: How anger, guilt and self doubt are essential to success and fulfillment*, Oneworld Publications, London

Lövheim, H (2012) A new three-dimensional model for emotions and monoamine neurotransmitters, *Medical Hypotheses*, **78** (2), pp 341–348

Michalos, AC (1985) Multiple Discrepancies Theory (MDT), *Social Indicators Research*, **16** (4), pp 347–413

Milgram, S (1974) *Obedience to Authority: An experimental view*, Harpercollins, New York

Nathanson, DL (1992) *Shame and Pride: Affect, sex, and the birth of the self*, WW Norton, New York

Panksepp, J and Biven, L (2012) *The Archaeology of Mind: Neuroevolutionary origins of human emotion*, W W Norton & Company, New York

Plutchik, R (2001) The nature of emotions, *American Scientist*, **89** (4), pp 344–350

Psychogios, AG (2005) Towards a contingency approach to promising business management paradigms: The case of total quality management, *Journal of Business and Society*, **18** (1/2), pp 120–134

Psychogios, A and Szamosi, TL (2015) *Fight* or *Fly*? Rationalizing working conditions in a crisis context, 31st European Group of Organization Studies (EGOS) Colloquium, Athens, 1–4 July (Conference Proceedings)

Psychogios, A, Prouska, R, Szamosi, TL and Brewster, C (Forthcoming 2016) Exploring managers' and employees' experiences of working life within different crisis contexts: Lessons from Greece and Serbia, *International Journal of Human Resource Management*

Schultz, W (2002) Getting formal with dopamine and reward, *Neuron*, **36** (2), pp 241–263.

Tomkins Institute (2014) Nine affects, present at birth, combine with life experience to form emotion and personality, *The Tomkins Institute Online*, URL: www.tomkins.org/what-tomkins-said/introduction/nine-affects-present-at-birth-combine-to-form-emotion-mood-and-personality/, accessed 14 July 2015

Tomkins, S (2008) *Affect Imagery Consciousness* (Volumes I and II), Springer Publishing Company, New York

Wallis, C (2005) The new science of happiness, *TIME Magazine*, **17** (1), URL: http://content.time.com/time/magazine/article/0,9171,1015832-1,00.html, accessed 10 July 2015

Wiseman, R (2009) *59 Seconds: Think a little, change a lot*, Macmillan, New York

Yu, AJ and Dayan, P (2005) Uncertainty, neuromodulation, and attention, *Neuron*, **46** (4), pp 681–92

Zimbardo, P (2007) *The Lucifer Effect: Understanding how good people turn evil*, Random House, New York

小结

1. 不断提高情绪风格

改善你的自我感觉：

- 详细描述情况；
- 详细描述感觉引发的行为反应；
- 列出有类似行为结果的事件表；
- 以最小的干扰和真正的兴趣看你的内心；
- 认真倾听他人，努力理解他们的观点；
- 不断地在内部和外部寻找情感线索。

2. 注意情绪

让自己保持积极的情绪，并不断增强自己的精力。考虑一下你的情绪，确保给自己一个在正确的时间体验正确情绪的机会。

3. 基本情绪的力量

领导者需要意识到九种基本情绪：愉快、感兴趣、惊讶、愤怒、痛苦、恐惧、羞愧、厌恶和轻蔑。

处理核心情绪的方法：

- 为你自己和你的团队庆祝每一次成功；
- 探索新的数据、人、情况和其他可能性；
- 停下来思考，尤其当遇到意想不到的变化时；
- 当你充满愤怒的时候，想想这是不是最好的方法；
- 在需要采取不同的行动方案时，提醒自己和同事；

- 通过检查潜在威胁来重新组合或制定战略；
- 让你自己和你的团队相信你的集体能力和机会；
- 反复检查创造尽可能多的距离的原因。

4. 发展情绪灵敏度

通过以下三组行动来发展情绪灵敏度：

- 感恩与感激；
- 体验与分享；
- 肢体语言和行为。

Neuroscience for Leaders

Part

3

习 惯

第六章

理解大脑自动性：重新认识潜意识的作用

在控制中改变

作为CEO，他是一位受人尊敬且无所畏惧的谈判者，且一直如此。在最困难的情况下，他在完成正确交易方面的突出技能使他获得了CEO的职位，这是他在一家中型投资基金第一次担任首席执行官。该基金希望有人能够迅速找到正确的发展途径，因为金融危机已经把它推入了无法轻易解决的问题之中。他决心要成功，从第一天开始，他就运用自己在职业生涯中所学到的一切，与外部和内部人士打交道。他重新与已经达成的交易进行谈判，确定新的机会，并迅速建立有价值的联系。他在公司内部也取得了进步，扭转了过去的错误决定，削减了成本，精简了业务。他的早期成就受到了股东们的广泛赞扬，他们几乎完全信任他。然而，他的快速胜利很快就出了毛病。

他通过快速找到对手的弱点和精准的进攻来进行谈判，使他在过去的特定任务、高度专业化的工作中很好地发挥了作用，并在他的新工作中早早地定好了节奏。然而，这种能力在一段时间后产生的问题比解决的问题还多。随着时间的流逝，他鲨鱼式解决问题的方法在发展和维持人际关系中变得很明显。公司里的许多高级职员开始辞职并换了工作，剩下的很多人都在考虑怎样在短时间内跳槽。尽管他似乎在工作的技术方面表现得非常高效，但他还是没有把人的因素考虑进去。当面对一些股东时，他提出了相反的观点：这是因为他对人的深刻理解，他可以在谈判中表现得很好，并能得到他想要的东西。他知道如何去发现诸如恐惧和欲望之类的弱点，以及如何利用它们来达到他想要的结果。他承认情感在整个过程中的重要作用，无论是在他自己身上还是在其他人身上，这就是为什么他能得到他所追求的数字。他不是冷血动物，也不是头脑冷静的人，他只是在控制中成长。

有一天早上，他在公司最亲密的盟友，也是他一年前亲自录用的副手辞职了。这位 CEO 对这一消息感到震惊，打电话给他的副手进行紧急讨论。在两个小时的激烈谈话中，这位前副手告诉他，他不能再和他一起工作了，因为他不能容忍 CEO 对自己和他人施加有预谋的操纵。他喊道："你应该尊重他人，而不是在每一刻都采取不同的方式从他人那里得到你想要的东西。"他还说，改变脸色、情绪和语言非常容易，日复一日肯定会取得成果，但这不是领导者所看重的。这位 CEO 同意这些意见，并承诺要改变。他会尽力以与以往不同的方式对待别人，在对待他人的态度上更一致，并把价值观放在短期利益之上。他决心做一个更好的人，一个更好的 CEO，一个更好的领导者。他认为自己是一个精神强大的人，完全可以控制自己的行为，这就是他要做的。他说服他的副手留了下来。

然而，两个月后，这位副手仍旧走了。这位 CEO 并未真正改变，即使他信誓旦旦地承诺，甚至在最初真诚地努力过。他根深蒂固的行为所具有的不可抗拒的吸引力，比他对改变需要的自制力要强烈得多。在他的副手离职一年后，他最初的伟大业绩变成了亏损，股东们非常认真地考虑要不要寻找新的 CEO。

这个案例表明，人类思维中的意识概念和其在使我们成为人类的过程中所扮演的角色，是神经科学和心理学的核心。我们是否有意识地做决定，充分意识到风险和利益？我们的思想是否直接影响我们的行为？我们可以随时改变吗？我们是否有自己的命运？我们可以掌控自如吗？如果是的话，那么，我们只需要通过正式和非正式的学习过程来训练我们的意识思维，就像我们几个世纪以来一直在做的那样。但如果不是，那么，领导者就需要更深入地寻找有效的方法去理解和影响他们的决策和行动。因为，正如我们现在所知道的，我们无法控制自己，至少在我们相信自己的程度上是如此。我们的大脑是如此。

大脑的精神控制

“潜意识是心灵的一部分，它包含我们没有意识到的感觉和思想，影响着我们的行为方式”（剑桥高阶英语学习词典）。潜意识的力量在心理学中一直被强调，西格蒙德•弗洛伊德开创了对最深层和最未知的欲望如何影响我们日常生活的理解。然而，最近在该领域的研究表明，潜意识并不是弗洛伊德所设想的黑暗之地。相反，它带来了独特的优势，它的处理能力构成了我们健康、动态和互动状态的组成部分。麦高文（2014 年）强调，“从当代实验中产生的潜意识思想的本质与弗洛伊德所假设的完全不同”，并用“尊重个人的独特经历通常被当前的医学方法所忽视”的潜意识影响来观察心灵。我们的潜意识似乎是我们作为人类最强大的力量，而不是我们最黑暗的弱点。

潜意识对我们决策的影响是深远的——远远超过我们愿意承认的程度。但它确实存在，如果忽视它，只会损害我们的领导潜能。在最著名的关于决策潜意识的实验中，本杰明•李贝特和他的团队要求参与者做一些简单的决定，比如按下一个按钮，或者在他们想要的时候移动一下手指（李贝特等，1983 年）。他们还要求参与者在实验过程中记录自己的决定。李贝特和同事分别使用脑电图（EEG）和肌电图（EMG）监测参与者的大脑活动，结果显示，在他们的大脑中，为即将到来的决定而进行的电力累积，大约比参与者意识到这一决定的时间提前了四分之一秒，而且在他们采取行动之前差不多半秒钟。在我们意识到自己的决定之前，我们大脑的这种准备能力就已经存在了。不要认为这很令人震惊，不久之后，有人（2008 年）已经将这一差距提高到 10 秒，并声称这一延迟“反映了高层控制区域网络的运作，这些区域在进入意识之前就开始准备即将做出的决定了”。

我们的大脑准备做出一个决定，并在我们意识到它的时候，把我们推向具体的行动。它这样做是有很好的理由的。潜意识帮助我们节省能量（正如我们在第一章和第二章中所看到的），在危及生命的情况下，反应非常迅速，并根据以前的经验，迅速形成对他人的态度。我们大脑的潜意识构成了我们思考和规划生活的整个过程（巴奇，2014 年）。众所周知，马尔科姆·格拉德威尔（2005 年）在他的畅销书《眨眼之间》（*Blink: The power of thinking without thinking*）中，将我们的适应性潜意识比作一台巨大的计算机，它可以快速、安静地处理我们需要的大量数据，以便在日常生活中保持正常运转。如果有意识地处理这些刺激，我们就几乎不能采取任何行动。著名的心理学教授蒂莫西·威尔逊，提出了“适应性潜意识”这一术语，格拉德威尔引用了他的话：

大脑的运作效率最高，它把大量高层次的、复杂的思考交给了潜意识，就像现代喷气式飞机能够在自动驾驶的情况下飞行，而很少或根本没有来自人类“有意识的”飞行员的参与。适应性潜意识在评估世界、警告危险、设定目标，以及用复杂和有效的方式开始行动等方面做得很好。

为了支持这一观点，心理学家兼行为专家戈德·吉格仁泽（2007 年）也呼吁人们更广泛地接受潜意识的智力，这从根本上是基于简单的经验法则，而这反过来又基于我们大脑的进化能力。这些进化的能力帮助我们做出快速的决定或判断，并以直觉的形式提供信号，从而使我们做出相应的行动。考虑到我们的高级语言能力位于大脑的上部、大脑皮层，更深层和更古老的大脑系统试图通过预感、冲动、本能和直觉与我们交流，因为它们根本无法说话。这种更深层的、适应的、智能的潜意识已经被证明能够在一些情况下做出更好的决策，如选择股票投资和购买新资产 [更多信息，参见威尔逊（2002 年）、格拉德威尔（2005 年）和吉格仁泽（2007 年）的作品]。

这并不是说，无意识的思考总是优于有意识的思考，我们必须完全放弃分析。双方进行的科学辩论及正在进行的实验表明，信任你的潜意识中更有利或更危险复杂的决策，有很多因素决定结果，更糟糕的是，他们中的大多数不容易理解或不能被理解。一方面，艾普·迪克特赫斯、劳伦·诺德格伦和同事们，支持他们潜意识的思想理论，声称潜意识的思考，或者不经意间的思考，在一个问题非常复杂和多面的时候，比有意识的思考更有益处。在这种情况下，过多的思考会导致偏见的产生、分析性瘫痪、更糟糕的决策以及更少的满意度（博斯等，2006 年）。另一方面，本·纽维尔（2009 年）这样的学者则主张相反的观点，认为只有广泛的理性思考才能带来复杂的结果，而快速、潜意识或无重点的思考会导致严重的错误。无论你在这场辩论中站在哪一方，重要的一点是，决定不是凭空产生的。在做出决定之前，大脑会花费大量的精力来准备有意识的思考。这一准备工作的质量将直接影响决定的质量。

当我们想要向我们的观众展示无意识的力量会战胜有意识的力量时，我们通常会做一个非常简单的实验。我们要求他们在接下来的五分钟里尽量不要去想“白色北极熊”，这对我们大多数人来说几乎是不可能的。北极熊早会出现在我们的脑海里。事实上，尽管我们试图避免用其他不同的思想来填充我们的意识，但我们的潜意识仍然对任何不受欢迎的想法的迹象保持警惕，最好是帮助我们把北极熊赶走。这一流行的思想练习，最早由作家费奥多尔·陀思妥耶夫斯基在 1863 年提出，并在哈佛大学的丹尼尔·维格纳（维纳曼，2011 年）实验中得到证实，它帮助我们强调了一个事实，即我们的意识思维并不像我们想象的那样处于控制之中。我们的潜意识就是这样。我们可以研究潜意识的工作方式，并重新调整它，以进一步发展我们的管理和领导能力。

实践：潜意识思考和有意识思考

选择一个你的公司在不久的将来想要解决的高度复杂性的组织问题（涉及很多已知或未知的因素）。把你的团队分成三个小组。让A组来看看这个问题，然后立即做出决定，不允许花时间考虑任何事情。让B组做相反的事。他们可以利用这些数据，如果需要的话，再增加一些数据，至少花半个小时进行深入的讨论，然后做出决定。让C组简单地考虑这个问题，然后用你选择的任何小游戏来分散他们的注意力（猜字谜、玩智力游戏、愤怒的小鸟，等等）。在他们完成这个游戏之后，让他们对你提出的问题做出决定，并不加任何思考。你甚至可以添加一个D组，他们可以在一夜之间就解决这个问题，并在早上提出解决方案，而不需要事先就这个话题进行任何互动或讨论。

观察所做决定的不同之处。你会遵循哪些决定，为什么？是理性思考的时间还是其他的因素决定了结果的质量？

对这些小组进行重新洗牌，并重复使用非常简单的问题（一个更简单的问题，包含更少的层面和属性）。

你认为这两种情况有什么不同吗？

在第一种情况下（复杂问题），问题的理性思考伴随着没完没了的参数分析，可能会导致大脑瘫痪，因为这一复杂问题的本质涉及许多看不见的因素，这些因素不容易被有意识的大脑察觉，因此我们需要更多的直觉并激活潜意识。在第二种情况下（简单问题），意识可以很容易地被控制，因为可以看到、探索和确定相关影响因素。

黄金时段

自动大脑反应真实的情况是常态，而不是我们日常生活中的例外。考虑到我们每天98%或更多的大脑活动是完全无意识的（加扎尼加，1998年），我们95%的决定都是潜意识的（萨尔特曼，2003年），这应该不奇怪。但令人惊讶的是，许多管理者和领导者在他们的职业生涯中，要么对他们的行为视而不见，要么是在概念上反对他们自己和同事的行为，这是由无意识驱使的。他们需要明白这是真实存在的，但这并不一定是坏事。

在做决定的过程中，我们提到了大脑准备电位的现象。在我们有意识地做出决定并采取行动之前，我们的大脑的神经元会在潜意识的范围内开始燃烧，为做出这个决定创造基础。这种神经系统的决策过程不是独立于外部环境的，可能会受到外界刺激的影响。影响我们大脑的准备电位则意味着影响我们的决策和行为，因此我们可以指导或推动我们的行动进入优先路径。这种方法的实现叫作启动效应。启动效应指的是，当你接触一个刺激物后，所产生的内隐记忆效应，将影响你对下一个刺激物的反应（梅尔和施万尼夫尔德，1971年）。启动效应正在为我们的大脑准备特定的想法和行为（阿尔特，2013年）。大脑会潜意识地、很快地考虑到在某种情况下被检测到的线索，从而使我们的头脑做出适当的决定，并采取适当的行为。不同的外部线索会导致不同的神经启动或准备，可能会导致不同的决定和行为。从本质上说，环境的信息可以让我们的大脑处于特定的思考和行动路径中。为了优化我们自己和我们团队的绩效，我们需要确保以积极和富有成效的方式进行启动。否则，启动效应就会对我们产生巨大的影响，而我们却从未意识到。显示启动效应的实验结果列表很长（麦吉尔克里斯特，2012年）：

• 一般知识测验的参与者被分成三组，每组参与不同的活动，使他们的大脑进入不同的精神状态：一个是教授小组，一个是秘书小组，一个是流氓小组。在这个测试中，教授小组的表现明显优于其他两组，而流氓小组的表现则最糟糕。

• 以老年人的精神状态接受测试的参与者（这些老年人多愁善感，玩宾果游戏，头发花白）的意见变得更加保守，以政治家的精神状态接受测试的其他参与者（提醒政客们的主要特征）以更加冗长的方式去表达自己。

• 积极面对衰老的老年人要比消极面对衰老的老年人记忆力好。

这还不是全部。在一项广为人知的研究中，美国选民参与了 2007 年在圣迭戈州立大学进行的关于美国身份认同和投票意愿的启动实验，认为当时的美国总统候选人巴拉克·奥巴马比英国前首相托尼·布莱尔更不像美国人。他们一开始就准备考虑奥巴马的种族，在实验中奥巴马被贴上了“黑人”标签（克里斯托夫，2008 年）。这种消极的种族偏见可以在潜意识中影响人们的观点，因此需要公开地面对，以防止在我们的决策过程中失去他们未被察觉的力量。

在连续三场著名实验中，巴奇和同事（1996 年）发现学生们：

• 相较于阅读非相关句子的小组，受到与老年人相关的句子的引导的小组在走廊里走路的速度更慢。

• 相较于那些用“粗鲁”“干扰”和“侵犯”等词语的人，受到与礼貌和尊敬行为相关的句子的引导的小组，在繁忙的研究人员（也是实验的一部分）的办公室外等待的时间更长，更有耐心。事实上，其中 82% 的学生并没有打扰到忙碌的研究人员。

• 在那些让他们想起自己种族的词语的引导下，非裔美国学生对研究人员令人沮丧的要求产生了更多的敌意。同样的，就像奥巴马的研究案例一样，在人们意识到种族问题上的负面偏见（甚至在这个研究中观察到的“自我偏见”）时，他们会失去很多潜意识的影响。

所有这些结果都值得注意，它们证明了我们的大脑下意识地通过一个特定的框架或心理状态，自动对外部信号做出反应。启动效应让大脑做出“正确”的决定，通过唤起我们长期记忆中预先建立的态度和模式，进入最“恰当”的行为。

当人们不知道它的效果时，启动效应最好；当我们意识到这种效果时，启动效应就停止了。这对领导者来说意味着两件事：首先，当我们发现自己的行为，或者反射我们偏爱或不喜欢的反应时，我们应该认真考虑它们是不是对我们大脑不利的刺激的产物。是否有任何外在的暗示会自动地将我们置于一个徒劳无益的精神状态？其次，我们应该尽最大努力参与或创造一个工作环境，为我们的大脑提供最佳的性能和成功的机会。我们为之工作的公司、同事，甚至是我们的办公室，是为了发挥我们的智力以达到最佳效能，还是他们的做法适得其反？但核心的结论是我们的大脑并不是独立于环境之外。它会在潜意识中不断地接收和处理信息，这比我们有意识的大脑所能处理的信息要多得多，而且它会通过改变我们有意识的大脑做出决定的能力来进行反射性反应。我们的大脑之所以进化得很好，在于神经准备能力和通过启动效应来做决定的心理准备。忽视或反对这些科学观点的领导者们，就错过了重新调整他们的大脑以获得成功的惊人机会。这是因为潜意识对我们行为的影响的知识是最重要的武器，我们必须为自己而塑造它。在这方面，知识是真正的力量。正如巴奇（1994 年），一位关于潜意识思想的杰出倡导者，他的研究和观点也是本章的重点内容之一。他明确地说明了这个问题：

自动化的社会认知过程对行为和其他社会信息的含义进行分类、评估和归并，然后这些输入就可以被有意识的、被控制的判断所使用……但是，环境自动分析的潜意识和不受控制的本质并不意味着，当一个人渴望并意识到它们的时候，它们就不可能控制或调整了。

我们的潜意识比我们有意识的大脑更强大，因为它消耗了更多的脑力，并分析了比我们控制的思维过程更多的信息。我们在工作中所面临的挑战不是找到阻止这种力量的方法，这是一种非常危险、在神经逻辑上几乎不可能的事情，我们的目的是要利用它来发挥我们的优势。

就像科学中其他有影响力的概念一样，启动效应也并不是没有对手。一些实验结果在后来的研究中没有得到证实（杜瓦扬等，2012 年；巴奇，2013 年），在一场直言不讳的辩论中，启动效应遭到了攻击和责难。这些研究声称他们的实验没有显示出启动效应，这表明启动效应和实验者的期望都在解释社会行为方面起了重要作用。后一种观点引发了著名心理学家丹尼尔·卡纳曼（2012 年）向其他研究人员发出一封公开信，支持更多关于启动效应的研究，他声称自己坚信这一概念。即使是杜瓦扬和他的同事们，也就是那些没有成功证实启动效应的人，也明确认同了“潜意识行为的启动效应是真实的”（杜瓦扬等，2012 年）。

自动化的认知过程、启动效应和准备能力是一直存在的概念，因为我们的潜意识似乎比我们所期望的更能控制我们的思想和行为。话虽如此，我们并不是服务于我们不受控制的大脑的僵尸。通过意识和知识，我们可以减少启动效应的负面影响，比如刻板印象，并增加积极的影响，以最大限度地发挥我们的领导能力和管理绩效。然而，那些仍然反对我们潜意识、力量和智慧的存在的人，称赞我们理性的无条件优越性，将会生活在一种对所有人都无效和危险的幻觉中。就像文章开始的例子一样，我们不能简单地忽略我们能力的极限去完全控制自己的行为。

组织中的启动效应

我们经常发现，在公司和机构中，人们忽视了人脑、环境和由此产生的决定和行为之间的相互依赖关系。不知何故，许多人都认为，表现和思维敏捷应该是与外界环境隔绝的东西，它们仅仅是发自心灵内部的思潮。按照这种观点，无论一个人的周围发生了什么，只要公司表现得非常出色，那就太棒了。我们发现这种方法具有破坏性，因为它消除了企业和领导在创造成功环境方面的责任。对我们来说，个人很重要，周围环境中的人也很重要，因为意识并有效地利用了个人和社会行为的关键决定因素。心理学家菲利普•辛巴杜（2008 年）进行了前一章中提到的著名的斯坦福监狱实验，他常常这样解释：并不是每个人都应该被因为一种行为而指责为一种行为（一只坏苹果），甚至也不是最直接的环境（一只坏苹果会使整桶的苹果都坏掉），而是那些有能力设计演员行为和事件发生的环境条件的人（木桶制造商）。真正的领导者是“木桶制造商”，创造积极的、充满活力的环境，让他们自己和员工的行为表现出强烈和持久的效能。下面是创造正确启动条件的行之有效的方法：

• **文化**。企业文化，甚至是部门或团队文化，都是决定决策和行为的强有力的基础。文化结构被认为是社会行为的关键驱动力，因为当人们在触发对其价值观的隐性知识时，会自然而然地进入一种特定的思维框架，从而做出相应的行为选择（宏等，2000 年）。这意味着，组织文化作为一种日常生活的集体体验，而不是在企业网站上的精心展示或在线条目，有其实际的工作价值，这就潜意识地决定了人们的大脑已经准备好采取行动的方式。你必须在你的组织中揭示实际的工作精神，并理解它对每个情况下的特定行为的影响，例如会议、谈判、演示等。

• **消息的上下文**。消息不是独立于它们出现的上下文或媒介。实际上，我们的大脑已经准备好接受、拒绝或普遍解码，并根据对媒介的内隐感知赋予信息意义，这是一个人、一份电子通信或脸书的公告。

这种上下文暗示或媒介启动效应（达伦，2005 年）涉及对记忆的隐式激活，并形成基于另一种刺激（信息）的态度（信息出现的上下文或媒介）。这意味着，会议、公告、办公室墙壁、内部门户、非正式的走廊讨论对不同的人可以有不同的启动效应。我们要明智地选择媒介，以确保它与信息一致，而不是考虑相反的反应。

• **符号**。正如阿尔特（2013 年）所解释的那样，符号能够有力地塑造我们的思维和行为，因为我们可以毫不费力地、快速地感知它们，并将它们深深嵌入我们的记忆中。它们是“意义上的磁铁”，在我们的大脑中，通过以往的经验，我们可以立即获取与之相关的联系，并为我们提供特定的态度、决定和行为。符号是文化传播者（布坎南和汉斯钦斯基，2010 年）。在一项被广泛讨论的研究中，研究人员（费兹西蒙斯等，2008 年）让学生们下意识地接触苹果或 IBM 公司的各种商标。然后，研究人员要求学生们展示不同寻常的日常用品，如回形针（一种纸笔测验），以展示创造力。那些被苹果公司商标引导的人，创造性的解决方案比 IBM 公司多得多，因为显然，苹果在大脑中是创造性思维的代表。因此，苹果商标引发了一种潜意识的反应，它为大脑创造了比微软商标更多的创意。这些发现强烈表明，我们在工作中暴露自己和同事的刺激可能会对我们的行为产生潜在的强大的连锁反应。看看你的办公室，看看你和你的团队每天都在使用的公司资料。有没有什么特别的符号能提高你的大脑表现？或者，是否有可以抑制它的符号？消除后者，增强前者。还可以探索如何增加符号对你的团队大脑的积极影响。

• **关键词**。首先用关键词来观察启动效应，从那时起，它就被证实可以减少大脑皮层的神经处理（威格等，2005 年），这意味着，在我们大脑控制部分的神经活动比在没有启动时更少。这是因为，启动效应引发了内隐式记忆，可以帮助我们根据之前的经验自动完成一项任务，而不需要察觉或意识到这个过程（沙克特，1987 年）。启动效应能节省大脑能量，帮助我们有效地完成任务，有效地管理时间。关键词在启动效应中增加了力量，因此我们需要注意我们如何利用它们来实现我们自己的内在动机和组织中其他人的动机。在这个方向上，公司使用专门为他们的价值观精心设计的词汇来体现他们的核心理念，这是有道理的。举例来说，汤姆布鞋在他们的价值观和公司材料（汤姆公司，2015 年）中重复了“给予”这个词，以表明他们是在“回馈”社区，因为他们每购买一个产品就需要一些东西（楚，2013 年）。有很多推荐的领导力术语（例如，布兰登，2015）可以带来积极的改变和改进的行为，但是我们建议你创造最适合你的角色、你的愿望、你的组织和你的团队，所有属于你自己的东西。语言会把人（包括你在内）置于一种特定的思维框架中，所以要小心谨慎地选择。

• **沉默**。通常情况下，我们已经观察到在组织中思维和实际世界之间有相当大的距离。在许多情况下，办公室职员与工厂或前线员工等“现实世界”的员工是脱节的。这种脱节和风险是促使许多经理人从事所谓的走动式管理（简称 MBWA）的原因，这种做法旨在帮助那些在职人员进行现实检查并确保改进，特别是积极参与解决问题的时候（塔克和辛格，2015 年）。尽管如此，我们经常被办公室里的谈话数量、会议形式、演示、报告等震惊，却缺乏果断的行动。弗莱戈和安德森（2008 年）的一项有趣的研究和口头的遮蔽效应可能可以解释这一现象的原因。他们要求高技能的高尔夫球手先做一个动作，然后进行口头讨论（一些人解释他们的技巧，一些人谈论不相关的话题），最后再完成同样的动作。高技能的高尔夫球手描述自己的经验，大大削弱了他们重新取得成绩的能力。相比之下，从事不相关的语言活动的高技能高尔夫球手并没有损害自己的表现。这证明了口头的遮蔽效应实际上会伤害你和你的团队的努力。过多的谈话和过度的思考似乎从专家那里夺走了他们大脑的执行能力。因此，更少的解释和更有针对性的行动为更好的大脑和重现伟大的结果铺平了道路。

实践：为启动条件创建启动矩阵

创建一个包含 6 行和 2 列的矩阵表。在第一列的第一个单元格中写下标题：启动条件的方方面面。在第一列下的五个单元格中，写下前面提到的五种方法来帮助创造正确的启动条件，即文化、信息、符号、关键词和沉默。在第二列的第一个单元格中，写下标题：组织元素。然后，你的目标是在第二列的剩余 5 个单元格中填入你的组织、部门或团队的特定方面，以及它们是否会影响你的意见，启动条件带来的积极或消极结果。

写下你的结论，下次你需要在你的团队里做决定时考虑一下这些结论。

新习惯，老习惯

我们可能没有意识到这一点，但不经思考的惯性行为或习惯代表了我们日常生活中的大量行为。研究表明，我们每天有 45% 的日常行为几乎每天都在同一个地方重复（尼尔等，2006 年）。这意味着我们几乎有一半的行为是自动的，是通过减少我们身边的认知干扰来完成。这种机制能将重要的大脑能量转移到脑区和更需要的功能上；因为，如果我们必须有意识地思考和分析我们每分钟的每件事，那么，我们就会被信息超载所麻痹，我们将无法取得很多成就。如果一个习惯有利于我们的领导潜能，那么，我们应该保持它，甚至加强它；但如果它是有害的，那么，我们需要把它重新设计成新的东西。这两种策略都假设我们知道习惯是什么，以及如何处理它们，因为它们对我们行为的巨大影响是不能忽视的。

我们的神经习惯回路直到最近才开始被人理解。潜意识心理所表现出来的强化偶然性决定了哪一种行为会以某种方式奖励我们，而哪些行为不会，并通过考虑“奖励预测错误信号”来评估选择行为的结果，以推动它形成一种习惯（舒尔茨和罗莫，1990 年）。我们的大脑潜意识地把我们推向一种它认为更有价值的行为，而且如果这种奖励真的来了，并且在我们一次又一次地重复同样的动作之后，它都会重复出现，那么，这个习惯就是通过强化来形成的。这就是为什么我们会有意识地认为我们的行为是有害的，比如经常吃垃圾食品，但我们发现很难改掉这个习惯。它是一种强大的潜意识，它决定且从自己的角度来评估回报，并推动一种行为，而不是我们较弱的控制思维。当潜意识喜欢一种我们有意识地——在理论上——相信可能是消极的奖励时，猜猜谁通常会赢。在大脑中，负责程序性学习的新皮层、基底神经节和分泌多巴胺的中脑，与习惯形成和维持有关，这与故意的或习惯性的行为有关（格雷比尔和斯密斯，2014 年）。在形成习惯的三步过程中，新大脑皮层在发现和衡量一种新的行为时，第一步（探索）更加活跃。第二步（习惯形成），基底神经节变得非常活跃，因为我们重复一种行为，而反馈回路通过行为的奖励来加强。第三步（铭记在心），这个习惯通过神经可塑性得到了很好的解决，令人惊讶的是，新大脑皮层的一部分仍然活跃，就好像在悄悄地让我们养成这个习惯一样（格雷比尔和斯密斯，2014 年）。这就是改变习惯的希望所在。

养成新习惯需要时间。在现实世界的环境中，通过对人类（而不是使用许多与习惯相关的实验中的老鼠）进行研究发现，人们形成了一种习惯，这意味着人们平均在 66 天内就能自动解决问题，范围从 18 天到 254 天不等（拉利等，2010 年）。这意味着习惯不是一夜之间形成的，对于神经可塑性，在大脑中形成新的固定通路来说，随着时间的推移，重复和确认奖励是很重要的。习惯一旦形成，我们的控制思维（意识），所表达的新的和旧的目标就不会对这个过程产生太大干扰，但是，对于开始新的习惯来说，开始这个过程和持续保持它是很重要的（伍德和尼尔，2007 年）。

与个人习惯相似，群体习惯也可以在集体实体中形成。在管理理论中，相关的概念是组织惯性行为，它被看作是组织内部发生的一组系统的重复的活动（费尔德曼，2000 年），而对于一些人来说，这是任务实现的必要手段（潘特兰德和鲁特，1994 年）。惯性行为是组织实体，它能产生稳定性，并在组织内发生变化（潘特兰德等，2012 年）。领导者应该把组织惯性行为看作是潜在的强有力的集体习惯，在维持或改变公司的现状方面可以发挥至关重要的作用。

如果你想让自己和你的团队在工作场所培养和保持新的生产习惯，那你就要完全同意这个习惯的目标，确保这一目标随着时间的推移而增强，这是关键步骤。举个例子，如果你想在每个重要的会议之后开始用必须做的建议来记录你的反思笔记，但你似乎并没有这么做，那么，为它设定一个非常强大的目标，每次你进入或退出一个会议时提醒自己这个目标，可以帮助你养成新习惯。会议之后，在你的电子日历中设置一个自动提醒，包括明确的目标，而不仅仅是提醒行动，这对我们的客户来说是很有效的。周期性地记下你为这个新习惯所做的改进，通过奖励强化来帮助巩固它。

普利策奖获奖记者查尔斯 • 杜希格（2013 年）在《习惯的力量》（*The Power of Habit: Why we do what we do and how to change*）一书中对“习惯回路”进行了最好的描述，他解释了习惯回路的重要性，如下所述：

1. 暗示：将我们的大脑置于自动模式，并要求检索特定习惯的触发器。

2. 惯性行为：由暗示引起的生理（做）、心理（思考）和情绪（感觉）过程。

3. 奖励：大脑渴望的日常活动的结果和习惯的存在。

为了改变一个不需要的习惯，杜希格（2013 年）建议保持暗示和奖励，但选择不同的惯性行为。这就是他所说的改变习惯的黄金法则。这种方法的本质是，你可以通过改变一个习惯，通过不同的行动路线来获得相同的奖励。例如，如果你有一种习惯，那就是你会自动地接受比你的团队成员更多的工作，以获得作为一个“有价值的团队成员”的情感回报，那么，也许更好的办法是帮助团队更有效地处理新工作，从而促进真正的团队合作，在最后获得同样的情感回报。

改变惯性行为以达到同样的奖励，是处理习惯的一种方式。研究暗示是另一种方式（伍德和尼尔，2007 年）。第一种策略是完全避免暗示。如果你不想因为冲动地查看新邮件或新电话而分心，那就把手机调成静音或关闭电子邮件通知来消除这些暗示。同样地，如果每次一个特定的团队成员对同事产生消极的情绪时，会议会自动变坏，那么，亲自与这个团队成员交谈，使他停止传递这个暗示，因为习惯性的集体战斗可以阻止不希望的行为。无论何时，只要暗示是环境特定的，改变环境就会导致暗示消失，从而不再触发这个习惯。例如，改变会议地点，并在公司内外的不同地方举行会议，这在我们的经验中创造了奇迹，因为它减少了许多商业会议中毫无价值的冗长讨论的习惯。改变办公室、地点、组织职位甚至是工作，都能有效地帮助你摆脱不需要的习惯。如果不能消除暗示，比如老板在绩效评估中过于挑剔，就会导致习惯性的顺从反应，那么，意识到暗示和惯性行为，可能是改变习惯的开始。抑制暗示的自动反应涉及回避策略，即警惕地监视暗示和他们的反应，以改变行动的过程。这是一个艰难的策略，因为它涉及我们的意识思维努力改变行为的问题。如果监控真的保持警惕，并得到同伴的帮助，效果会很好。请那些接近我们的人来帮助关注我们自动的习惯性反应，并在暗示出现时通知我们，这对我们的大脑开始向不同方向移动至关重要。训练，特别是作为一种结构性的变革干预，是重新调节大脑对环境的暗示做出不同的反应的另一种形式，也是一种惩罚，可以剥夺完成一个习惯回路的乐趣。

习惯是重要的大脑自动化，如果我们想要成为管理者和领导者，就需要正确理解和利用习惯。我们需要摒弃那些不符合我们目标的习惯，去开发新的习惯。良好的习惯能节省宝贵的大脑能量和时间，帮助我们毫不费力地完成伟大的工作。史蒂芬•柯维的《高效人士的七个习惯》一书于 1989 年首次出版，是史上最畅销的商业书籍之一（安德尔金融集团，2011 年）。这本书的全球流行表明，在组织中，人们渴望养成一些习惯，这些习惯可以自动地、本能地、冲动地赢得胜利。他提出了以下的领导习惯：积极主动；以所定的目标为起点；先做最重要的事；双赢思维；要想被他人理解，先去理解他人；合作协调；不断更新。习惯形成和维护背后的神经科学可以帮助我们做到这一点，但前提是我们必须更深入地了解它们是如何以及为什么起作用的。你想培养什么样的领导习惯？从今天开始吧，因为这需要时间。在一种真正的习惯性的方式中，奖励让你觉得一切努力没有白费。

实践：用 SRHI 工具创建习惯地图

SRHI，也就是“自我报告的习惯指数”（the Self-Report Habit Index），是沃普兰肯和奥贝尔（2003 年）开发的一种工具，它基于测量关键的习惯特征，比如重复的历史、自动性和表达习惯的统一性。它通过 12 个问题来确定习惯的强度。这些问题是：X 行为就是……

1. 我经常做的事。
2. 我自动做的事。
3. 我不需要有意识地去记忆就去做的事。
4. 如果我不这样做，会让我觉得很奇怪。
5. 我不加思索就去做的事。
6. 需要努力不去做的事。

7. 属于我的（每日、每周、每月）例行公事。

8. 我在意识到我正在做它之前就已经开始做了的事。

9. 我发现很难不去做的事。

10. 我不需要考虑就会去做的事。

11. 通常是“我”。

12. 我已经做了很长时间了。

关于这12个问题，按照同意和不同意的程度进行打分（1~5分），并计算平均总得分，我们可以发现这个习惯的整体强度。我们使用SRHI工具来帮助组织中的人员和团队开发一个习惯地图。可以通过以下四个主要步骤来完成：

步骤1：确定三个你想要保留的好习惯和三个你想要改变的坏习惯。我们建议你让组织中最亲密的同事帮你进行这一步。

步骤2：利用SRHI工具解决所有列出的这些习惯。在工作中，至少让两个人与你最亲近，为你的习惯，而不是为他们的习惯去做同样的事。这将使你对你的习惯产生更加独立的看法。将所有的回应组合起来计算平均分数。根据他们的分数，按照重要性的不同等级，把好的习惯和坏习惯分开。现在你已经有了习惯地图的基础。

步骤3：对于每个习惯，无论是好习惯还是坏习惯（甚至对于你想要添加到列表中的新习惯），创建一个行动列表来有效地处理它们。好习惯可能需要固化，甚至需要进一步的增强，而坏习惯则需要弱化，并最终改变。按照本章中列出的建议来做。

步骤4：通过警觉的监控，经常进行团队讨论，积极和消极的强化，并在需要的时候添加或减少行动。习惯是僵化的，不能自行发展或改变。

请记住，关于SRHI的12个问题可以被修改，以更准确地反映具体的组织环境和工作的性质。另外，要记住，较之孤立的个人努力，在有同伴支持的情况下，改变更容易。

你可以通过重复上面的练习，和你的团队的所有成员一起做一个团队习惯地图。然后你可以计算团队的分数，并将团队得分和个人得分进行比较。

在个人和团队的习惯地图中，在6个月后的第一时间重复练习，以确定有没有进步。如果你取得了进步，那就庆祝吧！

身体力行

我们周围的世界正变得越来越数字化。不管是因为个人的原因，还是专业技能的原因，我们花了大量的日日夜夜沉迷于互联网。因此，这种与数字世界的密切互动并不会让大脑保持不变。相反，我们的大脑正试图适应新的情况，就像我们的外部环境发生重大变化时一样。根据一些人的看法，这种大脑适应性是积极的，而另一些人则认为是消极的。从积极的一面来看，比如《比你想象的要聪明：科技如何改善我们的思想》（*Smarter than you Think : How technology is changing our minds for the better*）一书的作者克莱夫•汤普森（2013 年）认为：随着新技术的使用，我们的大脑变得更加高效和有效，因为先进的协作机会，更容易获得全球的关键信息，并且能够跟踪我们生活的方方面面。从消极的一面看，比如，《自我凌乱：理解我们对技术的痴迷并克服它对我们的束缚》（*iDisorder : Understanding our obsession with technology and overcoming its hold on us*）的作者拉里•罗斯博士（2012 年）认为：我们对移动设备的痴迷已经导致大脑显示出病态的的迹象，如成瘾、高度自恋、注意力缺陷和强迫性行为。这些显然是同一枚硬币的不同侧面，我们的大脑将如何从中受益，但也会受到这些技术的长期影响。事实上，我们的大脑通过与物理世界的密切互动已经进化了数千年，而这种互动创造了在我们的潜意识中思考和反应的无数的经验法则。我们每天给自己的感官的刺激比我们想象的要强大得多，这促使我们的潜意识以惊人的方式发挥作用。意识到并理解这些现实世界对我们强大的隐藏思维的影响，可以使我们处于有利的位置，根据我们的目标来操纵它们。欢迎来到“物质战胜大脑”的世界。

我们的大脑位于我们的身体里，生活在我们周围的特定环境中。我们不能将大脑与身体或环境隔离。在哲学和心理学中的认知的概念令人信服地论证了我们不能将我们的大脑从它的身体分离开来，也不能将身体与它的环境分离开来。我们发现我们自己存在于大脑、身体与更广泛的生理、心理和社会环境的相互关系中，这对我们的思维如何运作至关重要，它直接影响我们的思考、感受和行为方式（瓦勒拉等，1991 年）。根据这种方法，我们的大部分认知是由感觉运动的大脑区域的相互作用引起的，这是帮助我们的感觉和运动系统的神经整合，可以接受刺激并做出相应行动，帮助我们整合与之互动的身体和环境。显然，开发人工智能（AI）系统的科学家们早就认识到人工智能和机器人技术的问题并不是要复制计算量小的高级推理。这里的挑战是要复制低级的感觉运动能力，这些能力需要大量的潜意识计算，而这些能力是负责有效和高效地与我们周围的世界进行互动，以便我们自己生存和发展（莫拉韦克，1988 年）。潜意识的力量使我们成为独一无二的物种，我们不能再假装它并不重要，或者任由它损害我们的最高智力。我们应该更了解它。领导者如果要改善他们的团队、他们的组织和他们的社会，就更需要了解潜意识。

我们的大脑对物质世界的依赖也在口语中得到了生动的体现，因为我们经常使用现实世界的比喻来表达我们的日常生活（麦吉尔克里斯特，2012 年）。所以，我们本周的日程安排很紧，昨天做出了一个明确的决定，我们一直在推动改革，我们的对手最终放弃了对我们公司的指控，团队没有真正意识到最新公告的重要性，而新 CEO 比前一个更冷。这张列表显示，通过进化，我们的大脑已经发展出了一种深刻的能力，可以深入地思考周围的自然世界，以便始终对情况有一个现实的看法，并以最好的方式做出反应。许多心理学家、神经学家和哲学家都认为，现代思想的一个重要组成部分是基于我们能够以某种方式客观地观察周围事物的前提。但这不仅是错误的，而且是高度危险的（麦吉尔克里斯特，2012 年）。如果我们不经常互动，积极参与我们周围的世界，利用我们所有的感觉和强大的大脑功能，那么，我们最终面临的危险是“生活在我们的大脑中”，脱离现实，正如肯•罗宾逊先生在有史以来最受关注的 TED 演讲中指责许多学者和现代专业人士所做的那样（罗宾逊，2006 年）。不幸的是，这是我们在许多公司和培训课程中亲身经历的。全球组织中有许多人错误地认为，心灵有自己的生命，与大脑、身体和环境分离，并掌管着大脑、身体和环境。他们太善于分析，太枯燥，太不连贯，他们坚信这是一个真正的领导者的最佳选择。我们的大脑如何运作，以及真正的领导者能做些什么来激励、执行和成长，却与事实相差甚远。

实际的物理环境对我们的行为有多重要？考虑以下实验研究结果：

• 简单地拿着一杯热饮而不是冰饮料让我们判断我们对面的人拥有“更温暖，更慷慨，更有爱心”的个性（威廉和巴奇，2008 年）。

• 同样的，如果我们被要求拿一个热疗垫而不是冷疗垫，那么，我们更有可能去选择给朋友的礼物而不是我们自己的礼物（威廉和巴奇，2008 年）。

• 如果我们拿着一个沉重的剪贴板，而不是一个轻一点的剪贴板，那么，我们会给外币赋予更高的货币价值，在我们的决策中增加公平性，在我们的讨论中更加一致，并且倾向于持有更强烈的观点（琼斯曼等，2009 年）。

• 在一系列的实验中，阿克曼和同事们（2010 年）发现，坐在一把硬椅子上会让我们更努力地谈判；解决一个顽固的难题会让我们在问题解决后变得不那么热衷于社会合作；通过触摸来检查一个柔软的毯子会让我们比检查一个硬物体时更积极。

阿克曼等人（2010）强调了触觉（或触摸）对我们整个存在的影响：

触觉既是发展的第一感觉，也是信息获取和环境操纵的重要手段。身体接触体验可以为个人的内在以及人际概念和隐喻知识的发展创造一个本体论的支架，同时也为应用这些知识提供一个跳板。

每当我们向我们的听众和客户提出这样的科学证据时，他们通常会报以极大的惊讶和敬畏，还有一些人则持严格的怀疑态度。让他们很难接受的是，拿着一杯热咖啡或坐在一把硬椅子上真的能改变公司和机构的组织行为。这显示了我们在精神上从我们的身体环境中移走了多少，考虑到我们的认知过程是独立的、不受影响的和客观的。这类研究结果表明，相反的情况正在增加，心理学家塔玛·洛贝尔（2014）写了这本书——《感觉：物理智能的新科学》（*Sensation: The new science of physical intelligence*），后者是在关于我们的利益，而不是我们的困惑和错误行为的情况下，体现了认知的另一个名字。物理智能实际上是一个很好的术语，表明我们的大脑能够从物理环境中获取线索并向一个方向移动，从而为那些知道如何发现这种能力并利用它的人提供重要的竞争优势。洛贝尔介绍了质地、重量、颜色、距离、亮度、清洁度、高低，以及我们每天使用的基于隐喻的语言，她还分析了我们的感官如何影响我们的潜意识，并为我们的行动提供动力。她的结论是：

一旦你意识到这些影响和隐喻的力量，你就可以利用它们为你带来好处……注意你的感官输入并评估它。你协调你的感官告诉你的内容可以带给你物理智能——否则你的感觉只会产生数据。有了这种新的意识，你可能会避免在你的判断和他人评价中被之前潜意识的隐喻联想所左右。

这是体现认知的宝贵经验；忽视或否认它的存在，实际上会增加存在偏见和歪曲事实的可能性。这仅仅意味着我们可以做出错误的决定和错误的行动。接受它并与之合作，可以提高我们的效率，最终它会成为你的智力型领导风格的有力武器。我们的建议总是让我们的合作伙伴以一种具体而明确的方式开始感受周围的环境。注意周围空间的细节，深入内心去感受这些细节会如何改变他们的想法和行为，这是一个良好的开端。我们特别要求他们去寻找物理环境的影响方式：

A. 他们的日常情绪；

B. 重复特定的思想链；

C. 与组织中的同事及其他人的亲密和联系程度；

D. 他们的创造性潜能和创新反应。

甚至我们如何形成我们的身体姿势，也会以惊人的、强大的方式启动我们的情绪状态。我们可以假装一种姿势来产生想要的精神效果，这意味着我们的身体真的可以改变我们的想法（卡迪，2012 年）。还记得那个通过制造假笑而产生快乐感觉的“嘴叼铅笔”练习吗？我们潜意识的大脑、我们的身体和我们周围的物理环境之间的相互作用，给我们的意识思维带来了强大的启动效应，如果不承认并加以控制，就会导致在思考和行动中出现相当大的错误。说到这一点，进化论教会了这个系统什么是有效的，什么是无效的，所以倾听我们的直觉并不意味着自动地拒绝它。实际上，直感和直觉在开发复杂和动态环境的领导能力中扮演着最重要的角色。

专业技能和自动反应

我们对一项任务的分析越多，那么在这项任务中就越不可能成为专家。想一想吧。当我们学习骑自行车的时候，我们需要考虑这个任务的所有可能的方面，以便学习如何做到这一点，并避免折断手臂。但是，当我们学会了骑车，在骑自行车的时候就没有太多的思考了。我们可以在骑自行车的同时思考其他的事情。你对一个问题、一个任务或一个新想法的思考越多，就表明你的专业技能必须被开发，而不是已经存在。在一项对象棋大师的开创性研究中，心理学家和国际象棋专家阿德里安•德•格鲁特和他的助手（1996年）发现象棋大师——这个游戏的终极专家，具有非凡的能力，可以“快速捕获信息，并保留和回忆”。他们发现，专家们很快就处理了新的信息，并产生了一种直觉反应（通过大脑的启发式或捷径），比他们产生可控的、有意识的想法更快。专业技能，虽然在我们的大脑中有复杂的路径，但大部分生活在一个叫作“小脑”的皮层下结构。大脑的这部分区域与我们独特的人类特征（如技术智能）的进化有关，因为它比我们祖先的新大脑皮层发育得快得多（巴顿和文迪蒂，2014 年）。它甚至与我们的创造能力有着惊人的联系（萨嘎等，2015 年）。这些最新的科学研究表明，我们在日常工作中思考和行动是多么重要。虽然更早的、以皮质为中心的方法把专业技能和天才的个人特征看作是大脑中一个自上而下的过程，但新的研究表明，小脑在专业技能的发展中扮演着重要的角色，因为这是行为细化发生的地方（库奇奥等，2010 年）。传统上，小脑被认为是在对与运动相关的行为进行最后的修正，但最近这已经扩展到其他涉及学习的大脑功能（道亚，2010 年）。简单地说，“熟能生巧”是小脑的责任，它不存在于有意识的头脑中。你必须更深入地寻找真正的专业技能。

这并不意味着所有的专业技能都是全自动的。相反，当迫切需要新的解决方案时，思考和行为是一种有意识和潜意识的共同努力。专业技能在其快速模式识别应用于相当常规的任务时显得很奏效。但是，当我们面对混乱和多面的情况时，自动模式识别必须伴随着对一些可能结果的快速心理模拟，才能带来最好的结果。正如我们在第二章中看到的，模式识别在具有挑战性的时代是非常危险的。这是加里•克莱恩（1998 年）开发的认知主导决策模式（简称 RPD），最初是基于对美国消防员指挥官的采访，作为自然决策的一个分支，这主要是凭直觉和自动的。在像熊熊烈火这样的危机情况下，模式识别是非常有用的，但由于快速变化的新环境，可能会带来错误的决策，而仅仅是经过深思熟虑的分析可能会过于缓慢，根本无法提供任何价值。所以，凭直觉从你的长期记忆中获取你可以信任的模式，但同时，根据你所看到的情况，在你的意识头脑中进行快速和迷你的情景分析（最多有三种情景），可以成为我们这个时代的领导技能的秘诀。

我们的经验表明，有影响力的、鼓舞人心的领导者知道如何利用他们的经验作为一个重要的决策因素，但总是将这种经验和他们的直觉与当前的条件、他人的投入和快速的情景分析相对照。他们相信自己的直觉，特别是当直觉向决策或行为发出强烈信号的时候。但他们更清楚地知道，与其他可能的替代方案相比，他们在心理上处理问题的能力更强。对我们来说，这显然是我们大脑的美妙之处：没有任何事情是孤立的，一切都是相关的。这就是为什么我们需要尝试为正确的行动投入正确的部分，这是我们大脑适应性领导力模式的一个核心方面。

提升你的脑力

试着记住并写下至少 3 个和最多 5 个这样的时刻——从去年开始，你向你的同伴展示高级专业技能的时刻，可能是一次艰难会议期间的重要贡献、一次演讲之后的一个具有挑战性的问题的答案、在艰难的谈判中获胜的关键点，等等。重点应该是确定那些你的专业知识对即时解决问题非常有价值的时刻，以及你的同事对这种先进的专业技能的展示给你留下的深刻印象。对于每一个时刻，都要创建一个具有专家干预属性的表格。它来自哪里？经验、直觉、快速模式识别、有意识的分析？它们的作用是什么，是如何发挥作用的？

通过揭示在动态情况下的专业技能，你将能够更好地理解它们，并在下次你需要在组织中节省时间的时候更有效地利用它们。

当你再次意识到这一时刻的时候，继续做这个练习，因为这会让你有更多的专家时刻，从而帮助你建立对你的专业技能的长期理解以及改进方式。

特别提示

如果你把思想和大脑分开，并选择性地惊叹于所谓的有意识思维高于直感和直觉的优越感，那么，你会不断地对自己感到失望，并经常被周围的人所激怒。这是因为我们在大多数时候都不能有意识地去思考和行动，更重要的是，从神经上来说，我们不可能“解放”我们的思想，因此我们的决定和行动来自直感和直觉。事实上，这样做是很危险的，因为它们提供给我们日常生活中所需要的必要的深层智能，以及我们有意识的大脑专注于其他事情的自由空间。将大脑的自动性过程作为使你成为一个伟大的领导者的关键元素，可以极大地提高你对自己和他人的理解，并显著提高你的表现。使用启动效应来积极和适当地补充你的大脑和你的团队的大脑，解决你需要消除的工作习惯，并创造一个物理环境，使你和其他所有人处于正确的方向，这对于掌握大脑的自动反应是至关重要的。在充满挑战的时代成为一个真正的专家，要求你把这些关于启发式、直觉和习惯的知识与快速分析、清晰和有针对性的思考结合起来。考虑到潜意识对我们的思考和行动的力量，一切都从这里开始：你的领导力大脑的准备电位是什么？

参考书目

Ackerman, JM, Nocera, CC and Bargh, JA (2010) Incidental haptic sensations influence social judgments and decisions, *Science*, **328**, pp 1712–1715

Alter, A (2013) *Drunk Tank Pink: The subconscious forces that shape how we think, feel, and behave*, Oneworld Publications, London

Bargh, JA (1994) The four horsemen of automaticity: Awareness, efficiency, intention, and control in social cognition, in *Handbook of Social Cognition*, 2nd edn, eds RS Wyer and TK Srull, pp 1–40, Erlbaum, Hillsdale

Bargh, JA (2013) Social psychology cares about causal conscious thought, not free will per se, *British Journal of Social Psychology*, **52** (2), pp 228–230

Bargh, JA (2014) Our unconscious mind, *Scientific American*, January, **310** (1), pp 20–27

Bargh, JA, Chen, M and Burrows, L (1996) Automaticity of social behavior: Direct effects of trait construct and stereotype activation on action, *Journal of Personality and Social Psychology*, **71** (2), pp 230–244

Barton, RA and Venditti, C (2014) Rapid evolution of the cerebellum in humans and other great apes, *Current Biology*, **24** (20), pp 2440–2444

Bos, MW, Dijksterhuis, A and van Baaren, RB (2006) On making the right choice: The deliberation-without-attention effect, *Science*, 17 February, **311**, pp 1005–1007

Brandon, J (2015) 40 powerful words to help you lead a team, *Inc.*, URL: www.inc.com/john-brandon/40-words-of-leadership-wisdom.html, accessed 20 July 2015

Buchanan, DA and Hunczynsky, AA (2010) *Organizational Behaviour*, 7th edn, Prentice Hall, London

Cambridge Advanced Learner's Dictionary and Thesaurus © Cambridge University Press, URL: http://dictionary.cambridge.org/dictionary/english/unconscious

Chu, J (2013) TOMS sets out to sell a lifestyle, not just shoes, *Fast Company*, URL: www.fastcompany.com/3012568/blake-mycoskie-toms, accessed 26 July 2015

Cuddy, A (2012) Your body language shapes who you are, *TED Global*, URL: www.ted.com/talks/amy_cuddy_your_body_language_shapes_who_you_are?language=en, accessed 10 March 2015

Dahlén, M (2005) The medium as a contextual cue: Effects of creative media choice, *Journal of Advertising*, **34** (3), pp 89–98

Doya, K (2000) Complementary roles of basal ganglia and cerebellum in learning and motor control, *Current Opinion in Neurobiology*, **10** (6), pp 732–739

Doyen, S, Klein, O, Pichon, CL and Cleeremans, A (2012) Behavioral priming: It's all in the mind, but whose mind? *PLoS ONE*, 7 (1), e29081

Duhigg, C (2013) *The Power of Habit: Why we do what we do and how to change*, Random House, London

Fedor, DB, Davis, WD, Maslyn, JM and Mathieson, K (2001) Performance improvement efforts in response to negative feedback: The role of source power and recipient self-esteem, *Journal of Management*, **27**, pp 79–97

Feldman, M (2000) Organisational routines as a source of continuous change, *Organization Science*, **1**, pp 611–629.

Fitzsimmons, GM, Chartrand, TL and Fitzsimmons, GJ (2008) Automatic effects of brand exposure on motivated behavior: How Apple makes you 'think different', *Journal of Consumer Research*, 35 (1), pp 21–35

Flegal, KE and Anderson, MC (2008) Overthinking skilled motor performance: Or why those who teach can't do, *Psychonomic Bulletin and Review*, **15**, pp 927–932

Gandel, S (2011) The 7 habits of highly effective people (1989), by Stephen R. Covey in the 25 most influential business management books, *Time*, 9 August, URL: http://content.time.com/time/specials/packages/article/0,28804,2086680_2086683_2087685,00.html, accessed 5 May 2015.

Gazzaniga, MS (1998) *The Mind's Past*, University of California Press, Berkeley

Gigerenzer, G (2007) *Gut Feelings: Short cuts to better decision making*, Penguin, London

Gladwell, M (2005) *Blink: The power of thinking without thinking*, Penguin Books, London

Groot, AD de and Gobet, F (1996) *Perception and Memory in Chess: Studies in the heuristics of the professional eye*, Van Gorcum, Assen

Hong, YY, Morris, MW, Chiu, CY and Benet-Martinez, V (2000) Multicultural minds: A dynamic constructivist approach to culture and cognition, *American Psychologist*, 55 (7), pp 709–720

Jostmann, N, Lakens, D and Schubert, T (2009) Weight as an embodiment of importance, *Psychological Science*, September, DOI: 10.1111/j.1467-9280.2009.02426.x.

Kahneman, D (2012) A proposal to deal with questions about priming effects, *Nature* online, URL: www.nature.com/polopoly_fs/7.6716.1349271308!/suppinfoFile/Kahneman%20Letter.pdf, accessed 10 June 2015

Klein, GA (1998) *Sources of Power: How people make decisions*, MIT Press, Cambridge, MA

Koziol, LF, Budding, DE and Chidekel, D (2010) Adaptation, expertise, and giftedness: Towards an understanding of cortical, subcortical, and cerebellar network contributions, *The Cerebellum*, 9 (4), pp 499–529

Kristoff, ND (2008) What? Me biased?, *The New York Times* online, 29 October, URL: www.nytimes.com/2008/10/30/opinion/30kristof.html?_r=2, accessed 5 April 2015

Lally, P, Van Jaarsveld, CH, Potts, HW and Wardle, J (2010) How are habits formed: Modeling habit formation in the real world, *European Journal of Social Psychology*, 40 (6), pp 998–1009

Libet, B, Gleason, CA, Wright, EW and Pearl, DK (1983) Time of conscious intention to act in relation to onset of cerebral activity (readiness-potential)

– the unconscious initiation of a freely voluntary act, *Brain*, **106** (3), pp 623–642

Lobel, T (2014) *Sensation: The new science of physical intelligence*, Icon Books, London

McGilchrist, I (2012) *The Master and His Emissary: The divided brain and the making of the Western world*, Yale University Press, New Haven

McGowan, K (2014) The Second Coming of Sigmund Freud, *Discover*, 24 April, pp 54–61

Meyer, DE and Schvaneveldt, RW (1971) Facilitation in recognizing pairs of words: Evidence of a dependence between retrieval operations, *Journal of Experimental Psychology*, **90**, pp 227–234

Moravec, H (1988) *Mind Children: The future of robot and human intelligence*, Harvard University Press, Cambridge

Neal, DT, Wood, W and Quinn, JM (2006) Habits – a repeat performance, *Current Directions in Psychological Science*, **15** (4), pp 198–202

Newell, BR, Wong, KY, Cheung, JC and Rakow, T (2009) Think, blink or sleep on it? The impact of modes of thought on complex decision making, *The Quarterly Journal of Experimental Psychology*, **62** (4), pp 707–732

Pentland, B and Rueter, H (1994) Organizational routines as grammars of action, *Administrative Science Quarterly*, **39**, pp 484–510

Pentland, BT, Feldman, MS, Becker, MC and Liu, P (2012) Dynamics of organisational routines: A generative model, *Journal of Management Studies*, **49**, pp 1484–1508

Robinson, K (2006) Ken Robinson: Do schools kill creativity? [video file], *TED*, URL: www.ted.com/talks/ken_robinson_says_schools_kill_creativity?language=en, accessed 15 May 2015

Rosen, LD (2012) *iDisorder: Understanding our obsession with technology and overcoming its hold on us*, Macmillan, New York

Saggar, M, Quintin, EM, Kienitz, E, Bott, NT, Sun, Z, Hong, WC, Chien NL, Dougherty, RF, Royalty, A, Hawthrone, G and Reiss, AL (2015) Pictionary-based fMRI paradigm to study the neural correlates of spontaneous improvisation and figural creativity, *Scientific Reports*, *5*, article 10864

Schacter, DL (1987) Implicit memory: History and current status, *Journal of Experimental Psychology: Learning, Memory, and Cognition*, **13**, pp 501–518

Schultz, W and Romo, R (1990) Dopamine neurons of the monkey midbrain: Contingencies of responses to stimuli eliciting immediate behavioral reactions, *Journal of Neurophysiology*, **63** (3), pp 607–624

Soon, CS, Brass, M, Heinze, HJ and Haynes, JD (2008) Unconscious determinants of free decisions in the human brain, *Nature Neuroscience*, **11** (5), pp 543–545

Thompson, C (2013) *Smarter than you Think: How technology is changing our minds for the better*, William Collins, London

TOMS (2015) Improving lives, *TOMS online*, URL: www.toms.com/improving-lives, accessed 26 July 2015

Tucker, AL and Singer, SJ (2015) The effectiveness of management-by-walking-around: A randomized field study, *Production and Operations Management*, **24** (2), pp 253–271

Valera, FJ, Thompson, E and Rosch, E (1991) *The Embodied Mind: Cognitive science and human experience*, MIT Press, Cambridge, MA

Verplanken, B and Orbell, S (2003) Reflections on past behavior: A self-report index of habit strength, *Journal of Applied Social Psychology*, **33** (6), pp 1313–1330

Wig, GS, Grafton, ST, Demos, KE and Kelley, WM (2005) Reductions in neural activity underlie behavioral components of repetition priming, *Nature Neuroscience*, **8** (9), pp 1228–1233

Williams, LE and Bargh, JA (2008) Experiencing physical warmth promotes interpersonal warmth, *Science*, **322**, pp 606–607

Wilson, TD (2002) *Strangers to Ourselves: Discovering the adaptive unconscious*, Harvard University Press, Cambridge, MA

Winerman, L (2011) Suppressing the 'white bears', *APA Monitor on Psychology*, October, **42** (9), p 44

Wood, W and Neal, DT (2007) A new look at habits and the habit-goal interface, *Psychological Review*, **114** (4), pp 843–863

Zaltman, G (2003) *How Consumers Think: Essential insights into the mind of the market*, Harvard Business School Press, Boston

Zimbardo, P (2008) Philip Zimbardo: The Psychology of Evil [video file], *TED*, URL: www.ted.com/talks/philip_zimbardo_on_the_psychology_of_evil?language=en, accessed 20 February 2015

小结

1. 了解启动效应的作用

启动效应是一个过程，我们可以让大脑为特定的想法和行为作准备，当人们没有意识到它的作用时，它就很有效。

在组织中创造正确启动条件的五种方法：

- 强调文化价值观；
- 了解消息的上下文；
- 不要忽视符号；
- 选择关联词；
- 不要低估沉默的力量。

2. 维持或改变习惯

养成和保持一个习惯有三个步骤：

1. 探索——发现、重视和接受一个新行为；
2. 习惯形成——不断地重复一种被奖励强化的行为；
3. 铭记在心——这是解决习惯的好方法。

你可以通过改变暗示和选择其他的常规方法来获得同样的奖励，从而改变不良的习惯，建立更想要的习惯。

3. 熟悉物理环境

大脑、身体和更广泛的生理、心理和社会环境的相互关系对我们的思维如何运作至关重要，它会影响我们作为领导者的思维、感觉和行为。

不断地搜索物理环境的影响方式：

• 情绪；

• 重复特定的思想链；

• 与组织中的同事和其他人的亲密和联系程度；

• 创造性潜能和创新反应。

Neuroscience for Leaders

Part

4

人际关系

第七章

接受大脑社会化：高效领导力离不开团队协作

她的成功路上注定孤独

她不信任别人，并不是说她不能和别人一起工作；相反，她会参与其中，甚至在她为之工作的各个组织中的高效团队担任目前的职位——部门主管。在她职业生涯的早期，她就学会了谨慎对待同事，而且疑心重重。她还清晰地记得，她曾经是一名年轻的经理，遗憾的是，她被另一位自己非常信任的经理出卖了。她曾经公开告诉他，她对公司的一些举措的怀疑和保留，然后，他就不断地向她的上司透露这些消息。当她发现这件事的时候，她感到自己遭受了彻底的背叛，而且，正如她的朋友和家人所推测的那样，她开始不再相信任何职场同事了。如果她想要出人头地，那将是一条孤独的道路。

这种方法对她很有效。正如她经常对她的朋友说的那样，在工作中与人交往，宁可事先谨慎有余，不要事后追悔莫及。她的座右铭是："始终保持自我，一切都会好起来"，因此，在她的同事们的眼中，她似乎对温暖和牢固的人际关系并不持开放态度。尽管她平易近人，友好亲和，对任何要求她帮助的人都有亲力亲为的感觉，但一旦同事们试图在情感上接近她，他们就会碰壁。她有着众所周知的界限。她明白，在某些情况下，她遇到的人可能值得从她那里得到更多，但她不愿意冒任何风险。她说："宁可事先谨慎有余，不要事后追悔莫及。"所有这些，直到她的副手离开公司，并与她进行了离职面谈之后才得以改变。那次讨论是她改变自我的开始，并最终改变了她在工作中的人际关系策略。

她的副手比她小得多，却在职业阶梯上不断攀升，一直被认为是公司里的新星。她决定离开的这一事实，对这位信任受损的部门主管来说是个打击，因为她计划，如果自己进一步升职，她会让副手接替自己的主管职位。为什么她的副手决定离去？答案很简单，副手对主管说："我觉得我无法接近你。不管这些年的合作成功与否，我仍然觉得我不能完全信任你，从而超越上司和副手的典型关系，您更像我的教练和导师，可以和我讨论关键问题。"她总结道："我想从与我亲近和关系密切的同事那里得到更多的东西。"更加深入地调查之后，这位主管明白，工作情况正在发生变化。公司内外的激烈竞争，世界各地的各种经济危机，我们所处的新高度社交网络生活，以及办公室日常工作的不可预测性和动态性，需要一种不同类型的人际关系。对于混乱和复杂的新问题的创造性解决方案，要求团队内部和团队之间的关系更紧密、更深入、更给力。我是个独行侠；我不相信别人；我的成功哲学可能在过去的几十年里很有效，但现在不能再应用了。我们以前所未有的快节奏进行工作、创造、解决问题和生活。成功或失败更多地取决于日常协作的速度和效率，而不是我们实际的、与工作相关的技能和知识。这一简单而有力的认识动摇了这位主管"独自去做"的信念，通过深入的讨论、个人学习和相关的指导，她现在已经成为一名人际关系大师和合作专家。

人类成功的最佳策略是合作还是冲突？经济学家和行为科学家试图通过许多理论结构来回答这个问题，其中最著名的或者说最臭名昭著的"囚徒困境"，目的是证明人类在非合作方面比合作表现得更好，但在现实生活中却恰恰相反（下文中有详细说明）。一个独行侠或独狼在所有领域取得成功的心态，是一个过时且非常危险的挑战。虽然有些情况下，我们个人的贡献比集体的贡献更有希望和有效，但这种情况逐渐成为例外，而不是常规。这里有个好消息，我们的大脑对协作和社会联系有着深刻的联系，通过了解合作的神经和行为基础，我们可以比以往更快更好地获得好处。我们的大脑天生就很擅长于此；但为了通过合作来创造奇迹，我们也需要它。

人类的“囚徒困境”

“囚徒困境”是一个最强有力的例子，说明了过度分析的思维和自然的人类行为之间的冲突，或者，就像我们的一些学生喜欢说的那样，理论与现实之间的冲突。尽管囚徒困境（现在仍然如此）被一些经济学家用作一种心理练习来证明自私的行为比合作更可取，但事实恰恰相反！正如著名经济学家、诺贝尔经济学奖得主阿玛蒂亚•森（1998 年获得诺贝尔经济学奖）所说：“纯粹的经济人确实是一个社会的傻瓜。经济理论一直被这个理性的傻瓜所占据。”（赛勒，2015 年）。而这在“囚徒困境”案例中更是如此。

这个游戏很简单。两个人刚刚被警方逮捕。警方分别审讯他们，并提供给他们两种选择：要么保持沉默（“合作”策略），要么坦白罪行（“叛变”策略）。这些选择的结果如下（赛勒，2015 年）：

• 如果双方都保持沉默（所以双方都选择合作），他们只会被控一项轻微犯罪，并在 1 年内出狱。

• 如果他们都坦白（所以双方都选择了叛变），他们都会被判入狱 5 年。

• 如果一个人坦白而另一个人不坦白（一个是叛变，一个是合作），那么，坦白者是自由的，而另一个则是入狱 10 年。

你们会怎么做？

我们清楚地记得，作为学生，我们第一次面对这种困境的时候。计算出来的解决方案是叛变，因为叛变可能的最好结果比合作的最好结果（获得自由对 1 年监禁）更好，而且叛变可能的最坏结果也比合作的最坏结果（5 年监禁对 10 年监禁）更好。当我们中的一个人在课堂上说出这一经过计算的意见时，经济学教授喊道："太好了！"这是理性思考的一个典型例子，是经济学思考的胜利。当然，问题是，按照这一策略，我们永远不会得到最佳结果，因为最佳结果只有 1 年的监禁。但谁在乎呢，因为主流经济学希望人类自私，就像理查德·道金斯（1976 年）认为基因总是自私地在后代中生存一样。对于主流经济学来说，自私是理性的，而合作则是原始的、感性的。

著名的诺贝尔经济学奖获得者约翰·纳什，他是 2001 年奥斯卡获奖影片《美丽心灵》中的原型，他的角色扮演者是罗素·克劳。约翰·纳什从数学上计算出唯一的"纳什均衡"作为社会游戏的解决方案，比如"囚徒困境"强调的是，最好的和最理性的策略是不合作（卡普拉罗，2013 年）。然而，现实中并不是这样。理查德·H. 塞勒是行为经济学的创始人之一，也是 2009 年出版的《助推》（*Nudge: Improving decisions about health, wealth and happiness*）一书的作者之一。他对传统经济思想家的态度有一点讽刺，认为当他们遇到真正的人类行为时，往往会感到惊讶。

游戏的结果预测是，无论其他玩家做什么，双方都将有缺陷，这是每个玩家自私的最大利益。然而，当这个游戏是在实验室里进行，40%~50% 的玩家选择合作，这意味着（对传统经济思想家而言），大约一半的玩家不懂游戏的逻辑，或者（对于那些更愿意接受自然人类行为的人而言）认为合作是正确的事情，或者两者兼而有之。（赛勒，2015 年）

“囚徒困境”的主要问题在于，正如古典经济学中的许多概念一样，它与实际情况是分离的。它假设人们在做决定的过程中不能交流，他们不能改变对方的想法，而且并不真正了解对方，他们只玩一次游戏。事实上，尤其是在我们每天面对的商业和管理环境中，所有这些情况实际上都是相反的（迪米特里亚迪斯和凯蒂克迪斯，1999 年）。在很多情况下，如果不都是在我们的组织中，我们认识别人，他们也认识我们，那么，我们很可能会在一个特定的实例之后继续与他们进行互动，我们可以在寻找最佳策略的同时与他们交流和接触，我们的名声在我们的前面，这将伴随我们很长一段时间。因此，最好的策略往往是合作。即使在实际的监狱环境中，合作似乎也是默认策略，而不是经济学家提出的奇异选择。在《连线》杂志的一篇文章中，大约有两名拉斯维加斯赌徒成功地非法侵入赌场的电子游戏算法，据报道，当法律官员给他们提供了一个版本的囚徒困境迫使他们坦白的时候，他们实际上保持沉默，几个月后就自由了（保尔森，2014 年）。即使游戏是在无菌实验室环境中进行的，许多人还是更愿意合作，不管经济学家怎么预测，因为我们通常都很乐观，认为两个人的最佳结果都会占上风。（卡普拉罗，2013 年）。对于人类来说，囚徒困境意味着合作；对于经济人来说，是叛变。你和你的同事属于哪种类型呢？

在选择合作选项作为一种可持续的领导策略的实际方面，两本书对我们产生了深远的影响：罗伯特•阿克塞尔罗德的经典著作《合作的进化》（*The Evolution of Cooperation*）（1984 年）和马特•里德利的更通俗易懂的著作《美德的起源：人类的本能和合作的进化》（*The Origins of Virtue : Human instincts and the evolution of cooperation*）（1997 年）。阿克塞尔罗德的主要贡献在于，他组织了一个软件开发者的竞赛，以提交特别开发的项目，并赢得一场囚徒困境竞赛。这些软件程序相互竞争，模拟囚徒困境游戏中的囚犯。这些程序必须包括基于其他程序的行为和反应的行为规则。他们被要求在每次比赛中进行多轮比赛。他发现，最成功的重复游戏并不是那些偏爱缺陷选项的程序，也不是那些在任何情况下盲目合作的程序。基于他的发现和建议，以下是现代领导者的具体战略步骤，以最大限度地发挥合作的积极作用：

• **友好**：永远不要先叛变，要从合作开始。如果你先叛变，人们会把它当作你的默认策略，他们接近你的时候会小心翼翼。在艰难的谈判时，在与你不认识的人会面时，在与公司外部的人打交道时，首先要表现出你的善意。这样你才能增加他们合作的可能性。

• **互惠**：如果他们叛变，你也叛变。不要忽视恶意的举动。当他们叛变时，你会发出一个强烈的信号："我不是傻瓜；不要认为我所做的是理所当然的。"如果他们合作，你也要毫不犹豫地合作，其他的就不要再想了。

• **原谅**：当时他们会叛变，但在那之后再次表示善意。这是摆脱一种恶性循环的唯一方法，它不会为所有相关方带来最佳结果。宽容和表现出改善未来关系的意愿，是一个成功的战略选择。

• **沟通**：我们日常办公室生活中所发生的困境基于现实的版本，不要求人们被隔离在拘留室中。积极地交换可靠的信息，可以创造奇迹，往往达到有益的结果。请与他人交谈，观察他们的言语和非言语反应，避免误导和欺骗你的对手。

• **不嫉妒**：专注于最大化你自己的分数，而不是在一个回合中达到最好的总分。令人惊讶的是，在阿克塞尔罗德的竞赛中，在每一轮比赛中都力争上游的人最终都失去了第一名的位置。因此，专注于个人而不是绝对的进步，可以帮助你获得最好的结果。

多年来，我们一直在应用和教授这些原则，它们一直都很有效。我们强烈建议大家也使用它们，要慎重，也要果断。你们很快就会得到一些积极的结果，但是，你们对它们的应用越深入，它的好处就会越长久。

马特•雷德利（1997年）对合作、利他主义和道德现象作了全面的阐述，并对这一主题作了精彩的介绍。他试图将自私的基因理论与广泛的合作现象结合起来，声称“自私的基因有时会利用无私的个体来达到目的”。他通过强调“我们的思想是由自私的基因构建的，但是它们的建立是为了社会的信任和合作”来结束他的工作。以牙还牙，“如果你抓我的背，我就会抓你的背”的互惠策略是他分析我们为什么要在亲属关系之外合作，以及这些合作成功的关键。而且它不需要来自我们的分析头脑，因为互惠是“……一种本能。我们不需要推理就可以得出‘善有善报，礼尚往来’的结论。”（雷德利，1997年）下面是阿克塞尔罗德（1984年）最精辟地表达：

这是一个教训，即简单的互惠是成功的，而且比没有与之互动的任何人做得更好。它的成功在于激发了他人的合作，而不是击败他们。我们习惯于考虑只有一个获胜者的比赛，比如足球或国际象棋。但世界很少是这样的。在很多情况下，相互合作比相互叛变对双方更有利。成功的关键不在于战胜别人，而在于激发他们的合作。

实践：你的团队中的囚徒困境

把你的团队分成两小组。每个小组至少应该有四个人。把第一组放在不同的房间里：每个人都必须单独在每个房间里。不要告诉他们在游戏中他们的个人搭档是谁。向每个人单独宣读囚徒困境的规则，告诉他们，他们只会玩一次，然后问他们的决定：他们会合作还是叛变？然后，第二组也重复练习这个游戏，但这一次，所有人都在同一个房间里，面对面，并且可以连续玩三次。注意两个小组的决定。讨论两组策略的所有可能的差异。为什么会存在这些差异呢？扩大讨论的范围，问他们什么是真正意义上的最佳策略。请他们参考他们自己经验中的真实例子。你可能会注意到，偏理性的参与者会为叛变的价值而激烈争论，而偏自然关系的建设者则倾向于支持合作策略。试着围绕阿克塞尔罗德在“人类的‘囚徒困境’”中提到的步骤去达成共识。

大脑的社会化

在我们的生活中，社会关系对我们是谁、我们的行为和我们的成就有多重要？我们的大脑是一个个人得分最大化的机器，还是一个集体平衡的机器？我们应该只关心自己，还是应该把宝贵的大脑能量花在别人身上？归根结底，领导力是个人游戏还是社会游戏？神经科学、心理学和社会学的越来越多的证据表明，令人惊讶，有时甚至是违反直觉的是，“我们”比“我”更重要，因此，这些问题成了 BAL 模式的核心。一个不能理解并与他人的大脑建立有意义的联系的领导者是注定要失败的领导者。

我们的大脑是一个社会化的器官。社会关系对大量的大脑功能和联系产生了巨大的影响，忽视它们或降低它们的等级，只会损害我们的整体领导能力。事实不过是，我们有一种意识，观察和反思我们的行为和周围的世界，这是因为我们的社会层面。著名的心理学家和神经学家们将意识的存在归因于社会关系。英国心理学教授彼得•哈里根和大卫•奥克利（2015 年）这样解读“意识”：

……只是太晚了，无法影响与之相关的心理过程的结果……我们认为，这是我们潜意识的产物，并为社会群体的利益而不是个人利益提供了进化上的优势。

这是个神奇的观点，似乎让我们彼此不同，甚至让我们的行为变得自私自利，让有意识的思考变得独一无二。实际上是无意识的大脑功能，帮助我们作为一个社会群体而不是个人生存。“我们”创造了“我”！我们在组织和个人生活中所观察到的深刻的个人主义，这听起来是多么的矛盾。据哈里根和奥克利（2015 年）的观点，我们的潜意识把所有的信息和决定传达给我们的意识，然后创建一个个性化的构建，以在现实世界中开发适应性策略——比如，预测他人的行为；选择传播信息；能够基于外部刺激而调整认知。而且，并不是只有他们这样认为。神经学家迈克尔·格拉齐亚诺提出了“注意力概要理论”（the Attention Schema Theory），他认为，我们的意识是为了探测他人的意识，从而能够对他们的行为做出假设。他在最近的一次采访（古兹曼，2015 年）中说道：

我们感知他人的意识。这对我们作为社会动物来说很重要。你知道，光看另一个人是不够的，还要把那个人想象成某种机器人，你必须预测他的下一步动作。我们有这样一种直觉或直感的印象：另一个人是有想法的。我们用它来帮助我们理解他人，帮助预测他们的行为，更好地与他们互动。我们经常这样做。事实上，我们非常渴望看到其他事物的意识。

我们本能地利用我们的注意力，无意识地发现他人的口头语言和肢体语言的迹象，以便更好地理解他们的心理状态，并采取相应的行动。这就是为什么它被称为“注意力概要理论”：我们利用我们的一部分注意力来获取别人的思维、感觉和行为的模式。另一位心理学教授兼《人类关系中的神经科学：依恋与社会大脑的发展》（*The Neuroscience of Human Relationships: Attachment and the development of the social brain*）（2006 年）的作者路易斯·科佐利诺强调："大脑和身体是生物有机体，也是社会有机体，例如，大脑中的神经元是一种社会有机体。它需要与其他神经元连接（沙利文，2015 年）。如果人类和神经元不能在整个社会领域或大脑中建立足够的连接，它们就会被孤立，甚至被社会和神经系统所排斥，结果可能是消极的。由于神经元需要为大脑创造新的途径来保持健康和繁荣，人们需要建立新的关系来保持健康和繁荣。为了使神经可塑性（如本书前面所述）工作，以及创造新的神经通路，我们的大脑需要得到充分的刺激。如果这种情况不发生，我们的增长机会就会减少。科佐利诺得出的结论是："我们只是开始意识到，我们并不是分开的存在，我们真的只是一个蜂巢的成员，而且可能需要几个世纪的时间才能让我们意识到，我们比现在意识到的要紧密得多。"（沙利文，2015 年）。

对于专业人士和组织来说，这不是真的吗？一个经理、一个公司、一个行业，甚至整个国家，都与整体环境相脱节，这些实体变得越来越低效，最终会衰落下去。我们的大脑主要是一个连接、互动、信任、合作的器官，人类的进化为它提供了证明。事实上，我们人类形成多层次社会关系的独特能力，以及与基因无关的个体在高度复杂和协调的群体活动中合作的能力，对我们来说是与其他生命最重要的区别。亚利桑那州立大学人类起源研究所所长柯蒂斯·马雷恩坚信，智人非凡的合作能力，他所谓的超亲性，不是一种有学问的倾向，而是一种遗传编码的特征，这是帮助我们的物种战胜其他相关物种的原因，比如尼安德特人（马利安，2015 年）。尽管在灵长类物种中也有合作，但人类在大型、组织良好的群体中合作的独特能力，通过运用基于声誉和惩罚的复杂道德能力，才让我们占了上风（德·瓦尔，2014 年）。

这可能会让人感到惊讶，但真正将我们与其他物种区分开来的不是我们的优越推理，而是我们的社会技能。相关研究（托马塞洛，2014 年；范德·戈特等，2014 年）发现，黑猩猩和人类的儿童在典型的智商测试中表现相同，但是，人类后代在与社会认知技能相关的测试中表现得更好，比如互相学习（斯蒂克斯，2014 年）。因此，当有人吹嘘竞争在促进个人、经济和社会发展方面的力量时，只要提醒他们，没有我们大脑的合作、相互学习和社会公平的倾向，我们仍然会在洞穴中度日，甚至完全灭绝！正如哈佛大学生物学和数学教授兼进化动力学项目主任马丁·诺瓦克所说，人们倾向于认为进化是一种严格的狗咬狗的生存斗争。事实上，合作一直是进化的推动力（诺瓦克，2012 年）。

现代组织中的领导者不能继续处于激烈竞争的精神状态，也不能从他们的社交环境中孤立出来。相反，全心全意地拥抱合作与协作，伴随着必要的竞争和不可避免的冲突，将把他们推向真正的大脑适应性领导。

心智理论和读心术

我们的大脑能够理解他人的精神状态，并利用这些信息来预测他们的行为，真是令人吃惊。对于世界各地的管理者和领导者来说，这也是一个非常有用的工具。神经科学和心理学称这种能力为“心智理论”（Theory of Mind，简称 ToM），它代表了我们社会大脑的核心技能。这一理论的基础是在 20 世纪 70 年代晚期，大卫·普里马克和盖伊·伍德拉夫在他们的开创性论文——《黑猩猩有心智理论吗？》（*Does the chimpanzee have a theory of mind?*）（普里马克和伍德拉夫，1978 年）中提出的。他们的解释如下：

一个人如果把心理状态归罪于自己和他人，就会有一种心智理论。这种推理系统被正确地看作是一种理论，因为这样的状态是不能直接观察到的，并且这个系统可以用来预测其他人的行为。至于黑猩猩可能推断出的精神状态，考虑到我们自己物种的推断，例如，目的或意图，以及知识、信仰、思考、怀疑、猜测、假装、喜欢等等。

简单地说，心智理论是我们物种的高级能力，我们知道我们头脑中有认知、情感和行为的过程，而这些过程与别人头脑中的相似过程是分开的。从本质上说，这是一个“理论”，因为我们只能推断出我们自己和其他人的想法，因为我们没有直接看穿大脑。所以，我们亲自开发关于别人的想法、感觉和将要做的事情的“理论”或“可能的解释”。正如我们前面所解释的，我们物种与其他物种的支配关系取决于我们大脑对自己和他人行为的意识。因此，我们可以说，心智理论是拥有意识的主要目的。

心智理论是一个复杂的系统。它结合了不同的大脑区域，负责记忆、注意力、语言、执行功能、情感处理、同情和模仿，而且它深刻地依赖于大脑发育和社会环境之间的多层互动（科尔克马兹，2011 年）。大脑和人类环境之间的相互作用至关重要。孤立是致命的。一些患有认知和发育障碍的儿童，如自闭症和精神分裂症，在心智理论上会遇到困难（科尔克马兹，2011 年）。可以理解的是，心智理论在我们的大脑皮层中参与了许多大脑区域，比如，前额叶与感知情绪有关，颞叶与面部识别有关，在更深层次的结构中，比如，杏仁体（参见马丁和韦斯伯格的著作，2003 年）。杏仁体的存在表明了心智理论在我们的生活中起到了保护作用。如果接触心智理论时，杏仁体非常活跃，那么，它很可能在其他人的潜在行为中发现了危险，并引发了回避反应。如果不是，一种方法的反应在神经上是允许的，我们可以进行合作（你们可以在本章后面找到更多关于杏仁体和信任的内容）。

心智理论的健康功能通常是通过特定的任务来测试的，这些任务揭示了孩子或成人（在更大程度上）是否能够正确认识到其他人对某事持有错误的信念。也就是说，一种背离现实的信念会导致错误的行动。这类测试中最著名的一次是威默和佩尔奈在 20 世纪 80 年代早期（1983 年）进行的测试，测试对象是两个孩子，莎莉和安妮。想象两个孩子，莎莉和安妮并排坐在一起，每人拿着一个盒子。莎莉还拿着一块石头，她把石头放在盒子里，然后她没有带盒子就离开了房间。莎莉不在时，安妮打开了莎莉的盒子，拿出石头放在她自己的盒子里。在莎莉回来之后，每个参与的孩子（不同年龄的孩子）都被要求预测萨莉会在哪个盒子里寻找自己的石头。如果答案是在她自己的盒子里，那么，孩子们就会正确认识到莎莉有一个错误的信念。如果他们回答说莎莉会去看安妮的盒子，那么，他们就会失败，因为他们没有意识到莎莉的个性，这是一种不同于他们自己的思想的想法，与现实分离的观点。莎莉不知道安妮把石头放在她自己的盒子里，就像孩子们自己知道的那样，因此错误地在她自己的盒子里寻找石头。

在心智理论的研究中，这个和其他错误的信念测试展示了读心术对人类理解、学习和协作的重要性——读心术，不是超自然的方式，而是以一种非常人性化的智力型方法去猜测别人的想法。正如著名的心理学家迈克尔·托马塞洛所称的，共享意向对于在群体成员之间建立一个共同的基础，帮助他们获得共同的关注并最终以合作的方式实现共同目标是必要的（托马塞洛和卡彭特，2007 年）。读心术，也就是我们所熟知的意图理解，在健康的人类中高度发展，在我们作为一个物种的进化和支配中起着至关重要的作用。

心智理论对领导头脑的影响是深远的。领导者在规划、监督战术执行、与内外部大量人员进行讨论和谈判、激励和指导同事和员工方面发挥着核心作用。他们能够理解桌子对面的人（甚至是那些缺席的人）的心理状态，并解读他们的意图，这是成功决策的关键。否则，领导者就会在黑暗中做出决定和行动。但是，我们能做些什么来提高我们的读心术呢？我们如何确保这种“第六感”对我们最有效呢？

让我们先废除这个假设：拿成人的读心术与孩子们的读心术能力相比较，这种能力在任何需要的时候都可以毫不费力地得到。是的，我们的确比孩子们在测试中表现得更好，这些测试旨在显示出自我中心和换位思考，但并没有想象中的那么好。一项相关的研究发现，在接受测试任务的过程中，80% 的孩子没有接受他人的观点，但有 45% 的成人没有接受他人的观点

（杜蒙赛尔等，2010 年）。这并不是一个巨大的差别。洛杉矶加州大学心理学、精神病学和生物行为科学系的马修·利伯曼教授这样评论这项研究：

是的，成人可以进行良性的心智化，但正如这项研究显示的，他们并不能可靠地应用这种趋势。这可能是因为支持精确指导的大脑区域需要努力工作得很好，只要我们能侥幸成功，我们就会成为精神上的电视懒虫。我们心智化了很多事情，但这并不意味着我们总是做得很好，或者我们不能学会做得更好。（利伯曼，2013 年）

心智化是一种理解他人行为的能力，这是他们精神状态的产物（弗里斯，1999 年）。利伯曼说，问题在于，我们常常允许自己的思维捷径，通过使用我们自己喜欢和意愿去做的主要输入来得出关于他人偏好和意图的结论。我们让读心术太过依赖自己的精神状态，在判断中犯了严重的错误，只是因为我们没有花时间去真正地考虑这个情况。他还发现，在与汤姆接触之前，在非社会心理任务上花费脑力会降低我们的准确性。相反，在参与心智理论的任务之前，将脑力消耗在非社会心理任务上，会降低我们的准确性，甚至我们越多地把大脑置于默认模式（放松或白日梦模式），我们就会变得更擅长于此（利伯曼，2013 年）。

当人们（包括我们）落入了那些有害的心智理论陷阱时，我们可以亲自去从日常工作生活中找到很多例子，我们确信你也可以。有多少次，我们认为我们会同情他人，或者我们“设身处地地为他人考虑”，而实际上，我们只是把自己的精神状态投射到他们身上？事实上，最近的一项组织研究发现了这一点。在与 480 名经验丰富的营销经理进行的一系列实验中，约翰内斯·哈图拉和他的同事们发现，那些试图在预测客户需求之前与客户产生共鸣的经理们，在正确的做法上表现得非常糟糕（哈图拉等，2015 年）。在试图与客户产生共鸣的过程中，管理者实际上加速了自我参照，因为从客户的角度出发，激活了他们自己的私人消费者身份。他们的个人消费偏好在预测中得到了反映。此外，他们自我参照的偏好预测使得他们不太可能使用市场研究结果。这就突出了一个事实，错误的心智化会让我们擅长的错误的信念变得更糟。最后但同样重要的是，他们发现，经理们明确地指示不要去同情那些表现更好的客户。

芝加哥大学布斯商学院的行为科学教授尼古拉斯•埃普利在《思维智慧》（*Mindwise*）一书中强调了一点，即不要试图通过懒散地幻想自己的需要来与他人产生共鸣。相反，他建议通过与他人的直接互动，或者他所说的"通过眼力获得"（埃普利，2014年）来揭示他人的实际观点。他使用了许多例子，在这些例子中，组织或个人通过与他人的互动来更好地理解别人想要的东西，并直接探究他们的意图。这种方法产生的效果要比待在办公室里，根据过去的知识、个人经历和我们自己的喜好来假设别人的需求要好得多。然而，他也承认，直接使用别人的观点和使用口头交流方式，可能会有问题。所以，他建议你与你想使用读心术的人直接互动：第一，试着建立融洽的关系让他们感到舒适；第二，尽可能少地推测和进行难以捉摸地讨论；第三，做一个良好的聆听者，经常进行解释以确保你能正确理解对方的意思。

最后，团队加入心智理论比单独尝试更成功。这意味着，如果你和你的同事们试图对其他的人们（比如客户、供应商、其他部门的人）一起进行读心术，那么，你们可能会做得比你自己单独尝试的效果更好。在最近的一项研究中，研究人员向参与者展示了视频陈述，要求他们单独或分组、真实或谎言。结果表明，尽管个人和团体在发现真相方面是平等的，但群体在发现谎言方面的能力始终比个人更好——无论是善意的、无辜的谎言，还是危险的、故意的谎言。研究人员的陈述如下：

这一群体的优势并不是来自个人观点的统计汇总（一种"群体智慧"效应），而是通过小组讨论的过程来获得。小组并不是简单地将单个成员所包含的精确性最大化，而是完全创造了一种独特的准确性（克莱因和爱普雷，2015 年）。

这是团队中健康大脑协同作用的真实表现。整体大于各部分之和，一些思想相互作用，产生的结果比单独的、孤立的想法要好。这难道不是团队合作的精髓吗？

大脑适应性领导者在读心术中的主要经验很明确：

• 对别人的想法、感觉和可能要做什么的懒惰假设，仅仅是在投射我们自己的心理状态，是注定要失败的。

• 积极地尝试不把自己的心理状态投射到别人身上，这大大有助于我们从正确的角度看问题。

• 仅仅是读心术，还远远取代不了我们做功课。市场、组织、工业和个人研究都应该被利用起来。

• 在实践心智理论之前，尽量不要进行机械的、技术性的、分析性的思考，这样可以提高读心术的效果。

• 通过放松、冥想，试着去思考别人，可以提高心智理论的成果。

• 与他人直接接触，通过创造一个舒适的环境，获得他们的视角（而不仅仅是猜测），尽可能清晰透明，积极倾听，并确保你正确理解对方的意思。

• 和你的团队一起实践心智理论。这可能比你单独行动更成功，尤其是在发现欺骗的时候。如果没有注意到，可能会让组织蒙受很大损失。

镜像神经元

这个领域的读心术、共鸣、模仿和社会联系的概念，在过去的 20 年里，在神经科学和心理学领域引起了全球激烈的争论，这就是所谓的“镜像神经元”概念。镜像神经元是当人类行为和人类观察到另一个人的相同动作时激活的神经元（凯泽，2010 年；里佐拉蒂和克莱赫若，2004 年）。

1992年，意大利的研究人员发表的一项研究表明，猕猴的神经细胞，不仅在猕猴做动作的时候，而且当猕猴在观察另一只猴子的时候都可能被激活（迪佩莱格里诺等，1992年）。从那以后，大量的研究、观点和论坛似乎支持和扩大镜像神经元理论，或者怀疑镜像神经元的作用，但并不质疑镜像神经元的存在（马歇尔，2014年）。关于镜像神经元在我们的个人生活、集团运作，甚至在我们的文化中发挥更广泛的作用的理论，著名的支持者包括神经学家拉马钱德兰（2011年），他认为，镜像神经元的发现，其意义相当于DNA的发现。还有马可亚科波尼（2009年）声称，镜像神经元是特殊的大脑细胞，可以帮助我们回答古老的哲学和科学问题——我们如何成功地组织社会和文化。反对者的声音也很响亮，希科克（2009年）发现了一些与镜像神经元重新搜索相关的经验问题，基尔纳（2011年）强调了镜像神经元的主要功能，即动作理解，有替代的神经通路来实现自我。镜像神经元在这里停留，领导者应该意识到它们的存在，并关注其影响，不管这是否与运动技能，或者更深层的情感因素有关，比如，人的同情心和社会关系。

在领导力文学领域，2008年，丹尼尔·戈尔曼和理查德·博伊茨在《哈佛商业评论》上发表了一篇颇具影响力的文章，题为《社会智力与领导力生物学》（*Social intelligence and the biology of leadership*）。对他们来说，镜像神经元在领导效能中起着重要的作用，因为领导者的追随者会根据领导者的表达方式来复制或模仿领导者的精神状态。他们提到了一项研究，在这项研究中，员工表现出消极的绩效反馈，并伴有积极的情绪信号，报告认为他们总体上好于有积极反馈但伴随消极的情绪信号的员工。因此，领导者应该非常谨慎地表达他们的心情和情绪，主要是通过他们的肢体语言，因为这个形象会被周围的人无意识地反映出来（戈尔曼和博伊茨，2008年）。

我们将根据本章所讨论的内容，向相同的方向添加内容，人们也有很高的可能性会反映出一个强有力的领导者的姿态、手势和整体的身体语言以及领导者的整体思维。此外，如果你发现你的上司或同事的心态与公司的目标不一致，那么，你自己就不要去模仿他们了。当被模仿的东西对个人和团队都是积极的时候，模仿的效果最好。

模仿是一种强大的大脑机制，它直接有助于我们生活的各个阶段的发展、学习、群体同化和文化同质化、合作，甚至是创新。它是我们大脑的一种基本的、固定的功能，生下来 45 分钟的婴儿就有模仿面部表情的能力了（麦吉尔克里斯特，2012 年）。这似乎就是模仿，也就是科学上著名的“拟态”：

……让我们从自身经历的局限中解脱出来，直接进入另一个存在的体验：这就是通过人类意识，我们弥合差距，分享另一种感觉和行为的方式，就像那个人一样……它建立在同情心和身体的基础之上。事实上，模仿是同情心的一个标志：更有同情心的人更会模仿别人的面部表情（麦吉尔克里斯特，2012 年）。

领导者和管理者不应该拒绝模仿，从而忽视了自己在塑造他人情绪、态度和行为方面的责任。现在的例子比以往任何时候都更有意义，因为我们的一些神经细胞能够自动地复制或粘贴在我们眼前发生的事情。模仿的力量塑造了我们的组织、部门和团队的文化，这些方式不会在大脑适应性领导者的头脑中被忽视。我们坚信，基于我们在世界范围内的经验，模仿是塑造一个公司或单位工作氛围的最简单的方法，同时也能吸收群体所需要的价值观。我们只需要“散散步”，始终言行一致。如果我们选择承认它们，并在我们的工作生活中每天正确地使用它们，镜像神经元和拟态可以创造奇迹。

强大的“弱连接”

领导者不是孤岛，也不应该是孤岛。他们应该积极地与组织内外的人联系，要与他们亲近的人，也与那些远离他们的直接个人圈子的人联系在一起。我们看到，强大的人类网络的创造、维护和不断发展，是所有组织中现代领导力不可或缺的一个方面。这是因为我们的大脑，作为一个主要的信息处理器官（莎莉文，2015 年），需要正确的来源和信息的输入，以使它以思想、情感和行动的形式产生伟大的输出。简单地说，大脑与大脑互动的质量和数量将决定你大脑的质量和数量。作为一种真正的社交动物，大脑适应性领导者明白人际关系和网络的重要性，并且不知疲倦地努力构建起重要的桥梁。但是，在智力型领导力和我们所处的复杂的商业和组织环境中，哪些关系才是最重要的呢？

美国社会学家马克·格兰诺维特在 20 世纪 70 年代初提出的“强大的弱连接”这一经典的社会关系网络理论，从那时起就被大力提倡，它是理解和更好地利用我们与他人的联系的一种很棒的心理工具。格兰诺维特试图提供对人类网络工作的全面解释，同时运用了社会学分析的微观和宏观元素，并建议我们迫切需要关注那些并不强大的人之间的关系，从关系亲近程度上来看，包括亲密的家庭成员、朋友和同事。换句话说，我们需要把我们的注意力，至少在专业术语上，转移到弱连接上，这意味着，我们要关注与我们疏远或有间接联系的人（也就是熟人、远方的朋友、同事和远亲）之间的联系。后者在 1973 年之前一直被社会学所忽视。他们的观点是，强连接在提供日常支持方面是无价的，但是，弱连接可以为一群人注入必要的新思想、新经验和新实践。因此，该群体必须与具有不同特征的人建立联系，也就是与生活和工作在不同的社会经济水平的人建立联系。这同样适用于个人、城镇、城市、公司和组织，甚至适用于那些为了在全球竞争市场中生存而在整个工业区相互协作和竞争的成千上万的中小企业（迪米特里亚迪斯，2008 年）。新鲜的创意、战略信息、刚出炉的创新、改革方案、另类的视角和颠覆性的技术，这些都很少是那些在一起工作太久、疲惫不堪，压力太大，关系过于亲密的人的产物。它们产生于人类活动的社会经济领域的其他地方，需要被关注和重视，并最终被一群人所接纳，以产生进步。把你的组织想象成一个集体的大脑：如果从新的刺激和新信息带来的挑战中分离出来，它最终会退化，变得功能混乱。相反，如果它在多个方向上创造并使用适当的“弱连接”与外部世界联系，那么，它就会保持健康。神经可塑性会不断地推动新的途径、机会和能力。

为了让“弱连接”更好地发挥作用，需要从本质上建立不同于简单的“朋友的朋友”联系。如果这个新链接被积极地用于为个人和群体提供新的信息，那么，它不仅是一个遥远的连接，而且是一个非常有用的连接；它是一座桥梁（格兰诺维特，1983 年）。基于格兰诺维特的开创性做法，以及我们在这个问题上的经验，我们开发了一个简单的矩阵来帮助我们向领导者和管理者解释建立和维护正确桥梁的重要性。我们称之为领导网络连接矩阵（参见表 7.1）。

表 7.1　领导网络连接矩阵

连接的类型	连接的力量	
	动态的，富有成效的	静态的，非生产性的
强连接（亲近）	活跃的业务支持	潜在的死胡同
弱连接（疏远）	积极的战略桥梁	潜在的有益链接

弱连接是积极的和富有成效的，为领导和团队提供重要的战略信息，从而有助于引入变革、创新和发展。领导者应该积极地建立这样的连接，因为这是领导角色在任何组织层面的核心职责。例如，他们需要以开放的心态参加会议、约定和博览会等活动，并积极主动地建立新的联系。这是第一步。第二步是投入个人时间来培养这些联系人，以使他们保持活跃，并从他们那里获得有用的信息。弱连接是潜在的桥梁，存在但未被利用，尽管领导者不应该在这些桥梁上花费太多时间，但也要保持在自己的关注范围之内。关于强连接，如果他们对领导和团队的运作有积极的贡献，那么，他们就应该得到维护和培养，因为他们形成了一个至关重要的日常支持网络。如果他们是被动的、消极的，领导者应该采取一些方法来挑战他们，让他们重新考虑

自己在小组或团队中的角色。在我们的咨询项目中，我们通常建议的一种方法叫作“可以控制的小地震”。领导者需要挑战被动和消极的人，让他们重新考虑自己的态度，运用各种关键的方法来引起关注，但是动作要小，以便控制。这有时需要领导者亲自参与，以确保这种方法的成功。但是，无论如何，这是领导者个人参与的关键一步。难道不是吗？

大脑适应性领导者不能被困在适得其反的亲密关系中，而且是没有距离（从社会经济角度来说）但拥有强大的“弱连接”桥梁。所有这些微观和宏观的关系构成了我们生活和工作的真正的人际网络。现在，它们对我们的成功或失败，以及我们的情感和精神状态，都显示出深刻的影响。如此深刻，以至于连研究人类网络几十年的研究人员在面对这些网络对各种人类状况的巨大影响时，都感到惊讶不已。

尼古拉斯·克里斯塔基斯和詹姆斯·福勒合著了一本书，名叫《大连接：社会网络是如何形成的以及对人类现实行为的影响》（*Connected: The amazing power of social networks and how they shape our lives*），这本书风靡全球，受到了大众的高度赞扬。他们在书中揭示了人类网络对我们的影响，这是一种意想不到的方式。他们的主要结论（克里斯塔基斯和福勒，2010 年）可以总结为三点内容，下面从 BAL 模式的视角进行讨论：

1. **我们创造了网络。**我们不断地、有意识地或无意识地定义我们在人际网络中的参与度和地位。我们将会和多少人建立强连接或弱连接？我们将在这些关系中扮演什么角色？无论是深思熟虑的决定还是直觉的行为，这些实践都将决定我们在网络中所拥有的经验。我们并不总是选择与我们一起工作的人，而是选择与我们真正有联系的人。因此，领导者不要躲起来。他们应该有意识地在组织内部和外部的多层次网络中获取核心和活跃的位置，并根据上面讨论的领导网络连接矩阵与人联系。领导者需要创造网络，而不只是参与其中。

2. **网络创造了我们。**“连接”的数量和质量决定了我们自己的心境、幸福、习惯形成和幸福水平。这超出了我们所认识的人。它还涉及那些与我们认识的人以及我们从未谋面的人。传递性的特征是通过模仿，进行不同程度的人与人之间的分离，可以达到三个等级的分离。这意味着你的朋友的朋友，你从未谋面的人，影响你的幸福和健康习惯，比你想象的要多。换句话说，一个人与你间接联系的决定（实际上，你不了解他个人）会影响一个你认识的人的决定，而这个决定会影响你的决定。再一次，混沌理论在起作用，因为它在复杂和丰富的网络中运行得最好，而不是以简单的线路来安排连接。来自多重联系的社会强化对规范和行为改变很重要。因此，领导者们需要对他们的行为中被归因于网络传递性的部分持谨慎态度。所以，请观察和监控你的团队的行为模式，并探究它们的起源。如果可以的话，请积极加强它们。如果是消极的，那就试着通过增强意识来消除联系，这意味着注意到他们可能会让你改变你的行为，没有注意到他们则会让情况持续下去。另一方面，为了创造理想的规范，领导者应该利用传递性，并增加促进这些规范的相互作用。这是可能的，途径是引入更多的人，他们在不同级别的组织，甚至在公司的外部都有相应的行为。领导者意识到网络的影响，并充分利用网络的优势，而不只是盲目地追随它们。

3. **网络是有生命的（而且往往是独立于我们的）**。在稠密的人类网络中，复杂、直接和间接的关系具有比其各部分之和更大的集体特征。网络的存在和改变是独立于每个个体的贡献，并在每个个体参与之前和之后保持活跃。然而，它们还具有从其成员的多层交互和互连中派生出来的属性。在这种情况下，文化更少地依赖于单个行为者，更多地依赖于许多行为者之间的相互作用，这些行为者有意或无意地与他们的规范和彼此互动。较大组织中的领导者能够以较慢的方式影响他们的文化，并且使用比那些较小组织中的领导者更多的策略。然而，在这两种情况下，领导者都应该意识到，文化是复杂的生活实体，它们不会因为简单的一个规则或一个人而改变，它们会和谐一致地改变。在这方面，如果以前的人没有时间适应新形势，变革先驱、舆论领袖和影响者一般都无法取得伟大的成果。换句话说，一个变化，尤其是一个激进的变化，不能被应用到现场（它出现的时候），但是在一段时间之后，人们变得更加熟悉和意识到它。这就是为什么一种文化中的意见、态度和行为的巨大变化在没有首先要确保人们已经达到了接受这些变化的临界点之前很少发生（瓦茨和多兹，2007 年）。领导指挥了变化，但不是让它们单独出现。

克里斯塔斯基和福勒（2010 年）认为，在一个由社交媒体和网络世界创造的超链接环境中，社交网络在数字领域发生了变化，但它的基本原理仍然是一样的。的确，脸书、领英、推特和其他社交媒体让我们比以往任何时候都更快、更容易地建立联系。我们永远不能用化身来隐藏我们的真实身份。但是，所有这些连接都是积极的支持网络和真正的桥梁吗？我们不能确定，因为这取决于连接本身。社交媒体加速了联系，并经常为传递信息提供真正的价值。但它们并不意味着积极的支持或桥梁。正如社会情报专家朱利安•尼博士在 2014 年的 TED 演讲《连接和数字化》中明确指出的那样，我们需要把“连接”（一种更深层次的心理联系）重新投入到在线连接的讨论中（奈伊，2014 年）。我们也相信，通过社交媒体与人或组织联系并不一定意味着在精神上和情感上与他们接触，因此不能被认为是主动的人际网络连接。毫无疑问，领导者和管理者需要出现在社交媒体中（我们将在下一章讨论应该怎样做），创造潜在的积极联系，但他们仍然需要培养并有意识地管理与线上和线下的人之间的关系，以体验与他们的积极和动态的联系。

最终，我们看到自己，正如克里斯塔斯基和福勒（2010 年）所做的，作为超级有机体的成员：我们属于活着的、呼吸的人类网络。因此，我们应该对网络做出决定性的贡献，塑造网络，同时也要意识到它们是如何塑造我们的。我们的大脑领导潜力取决于这一点。

领导者的连接艺术

现代领导者如何能更好地与组织内外的其他人联系呢？奥里和罗姆·布莱福曼建议，为了加速我们创造即时深度连接的能力，也就是他们称之为“点击”的东西，我们需要增加我们的脆弱性（奥里和罗姆·布莱福曼，2010年）。尽管这听起来可能有些违反直觉，但如果我们让自己看起来很开放、很脆弱，我们就能立即联系到更深层的情感和心理状态。从这个意义上说，脆弱会在别人身上产生即时的信任和本能。当然，这必须得到适当的表达，因为过度脆弱会给人带来多余弱点的迹象。奥里和罗姆·布莱福曼（2010年）指的是人类相互作用中存在的脆弱性连续体。在这个连续体的一端，我们并不脆弱；在另一端，我们高度脆弱。下面是日常对话中揭示的这个连续体的5个不同阶段：

- **应酬阶段**。我们说的是社交礼节，没有任何真正情感上的指责，比如“你好吗？”和“很高兴见到你！”。这里的目的不是提取任何特定的响应，而是减少交互中可能出现的问题。
- **事实阶段**。我们说的是实际的事实和数据，它们不会引出任何主观的观点，比如“我是一个工程师”或者“我生活在欧洲”。这些直白的观察揭示了我们更多的信息，但不是以一种深刻的情感方式。
- **评价阶段**。我们用个人的观点或角度来谈论人物、地方和情况，比如“我喜欢这个计划”和“这个产品太棒了”。在这里，我们承担有限的社会风险，因为其他人可能不同意。仍然没有什么戏剧性的东西。
- **本能阶段**。我们在情感上发表了一些声明，比如“我很难过，马克要离开公司了”，或者“我真的很高兴我雇了你”。这些说法更有风险，让我们接受批评和情绪上的分歧。然而，他们是那种向我们更亲近的人，我们信任的圈子里的人。

• **高峰阶段**。这一阶段，我们打开心扉，放飞心灵，说出内心深处的感受、深深的恐惧和最强烈的希望。诸如“我真想知道我们这个月的业绩为什么这么少。我对我的工作感到恐惧，尽管我无法想象我要在这个办公室里度过一生，想想就后怕。他们不关心过去吗？我对他们来说不比数据重要吗？这是可怕的……”

前三个阶段更倾向于事务性，而后两个阶段更倾向于连接性。我们有责任评估一种情况，并决定我们应该采用哪种方法，以便与我们交谈的人更快、更深入地联系。从第 5 阶段开始，不建议与我们刚刚认识的人见面。但是，从前三个到最后两个阶段，即使是在一次对话中，也能帮助我们显示出一定程度的脆弱性，并能与人立即建立联系。

根据神经科学和心理学的发现，奥利维亚•福克斯•卡巴恩在畅销书《魅力学》（*The Charisma Myth*）中介绍了领导者塑造自己的行为，从而长期与他人建立亲密联系的方式。卡巴恩（2013 年）将魅力型领导者的特征归纳为三个集群。对我们来说，这些集群完全符合本书前面提到的三个脑力方法。

• **集群 A：存在**。把你百分之百关注这个问题和你面前的人的感觉描述出来。在我们的工作中，我们都经历过这样的情况：我们觉得在我们面前的人实际上并没有在聆听或听从我们说的话。不专注会让别人觉得疏远，甚至有背叛的感觉。伟大的领导者不论职位高低，都会让人感到被关注和重视。这对于在公司内外创造有意义的联系是绝对必要的。这个集群指的是更古老、更原始的大脑，因为它通过我们的身体语言、姿势、表情和声音的音调，人们会有意识或无意识地认为，我们是为他们而来的。当你通过电话与人交谈时，自动大脑就会接收到显示存在与否的信号。

• **集群 B：温暖**。同情他人并表现出你真正关心他们的处境，这是第二个集群。善意、同情和接受，是这里的核心过程，因为通过温暖我们让人们感到舒适，受到关注与呵护。这是指情绪大脑，特别是在前几章中讨论的方法和回避的中脑系统，因为我们自己的立场会让人们感到安全，并接近我们，或者感觉受到威胁，离我们而去。伟大的领导者会给出强烈而清晰的同情心的迹象，从而建立起有意义的联系。

集群 C：力量。这与力量和权威的观念有关，尽管它确实包含了一些原始和中脑的元素，但它主要来源于新大脑皮层，指的是我们为我们想要联系的人做特定事情的能力。想一想。活在当下是伟大的，有同情心的人更伟大。但真正的领导力需要你能够做出具体的决定和行动，这将切实提高你的团队的表现。你在实际行动中表现出来的能力和意愿，证明你具有先进的分析和技术能力。没有人喜欢与一个不愿意或不能够在最需要的时候证明自己专长的领导者联系。

在我们的个人生活（奈芬格和科胡特，2014 年）和品牌管理（马龙和菲斯克，2013 年）中，人们对温暖和力量的重要性增加了新的声音。管理人员的存在也成了一个有自己的支持者和扩大范围的领域（休利特，2014 年）。尽管我们在这三个方面都不可能完美，但我们相信，积极地注意到我们在所有这些方面的表现，将有助于我们建立和维持关系的方式。

相信杏仁体的力量

“信任感”和“杏仁体”通常势不两立。这是因为每当杏仁体的活动增强时，我们就会减少信任感，而当杏仁体安静的时候，我们就会增加信任感。我们确实需要信任感，也就是要学会倾听，这是有关杏仁体的问题。

当人们在一种情况下过度恐惧和愤怒，因而不能有效地管理自己的情绪，并与他人紧密地联系在一起时，杏仁体通常就是罪魁祸首（参见第三章和第四章）。然而，杏仁体在调节他人的可信度方面起着至关重要的作用。简单地说，如果没有杏仁体，我们就会没有任何限制地相信他人，并且会给我们和我们的组织带来灾难性的后果（福克斯，2013年）。杏仁体与脑岛和其他大脑中心一起，是一个关键的神经区域，当我们面对不可靠的面孔时，它会激活我们的警报系统（温斯顿等，2002年）。杏仁体在危险的情况下保护我们，如果杏仁体机能失调，这种硬连接的警示系统就会消失。事实上，杏仁体失去活力的人，天然防御能力会下降，并且愿意相信任何人和任何事（阿道夫斯等，2002年）。杏仁体突然爆发，目的是检测甚至是区分其他人的恐惧和愤怒（福克斯，2013年）。由于面部表情通常被认为是不可靠的，所以没有健康的杏仁体会让我们在与他们互动时采取预防措施，这使得没有杏仁体的人甚至愿意有求必应地把信用卡的详细信息发给随机的陌生人（福克斯，2013年）。这是由于杏仁体在评估刺激的情绪反应时起着重要的作用。例如，杏仁体损伤的人在学习环境刺激和情绪状态之间的联系上有困难。因此，他们可能没有意识到，刺激计划预示着回报或危险，他们也可能在社会地位上下降，或者表现出减少亲和力的行为（布莱尔，2001年）。因此，我们应该非常感谢一个功能齐全的杏仁体，用来区分哪些人值得信任，哪些人不值得信任。如果你在遇到别人的时候会有逃避的感觉，在接受或拒绝他们之前就去探索这些感觉。这可能是你健康的杏仁体给你提供了合理的警告信号，或者这可能是你的回避系统过于敏感，让你变得不那么容易接近。学习是大脑适应性领导者的核心技能。

在本章的开篇案例中，我们的主角培育了一个极度活跃的杏仁体，它不允许她在工作中与身边最重要的人展开有意义的联系。在我们现代的充满活力和错综复杂的全球环境中，越来越多的员工选择为他们觉得自己和情感上有关联的公司工作，就像第五章中提到的2015年《财富》杂志中100强公司的结果一样。

除了杏仁体，在我们的人际网络中，有两种重要的大脑化学物质参与建立我们和他人之间的信任。第一种是荷尔蒙，第二种是血管加压素。最新的研究表明，荷尔蒙在组织我们的社会行为中起着核心作用，因为它增加了我们信任、接近和联系他人的倾向，并创造了有意义的关系（列维京，2015 年）。我们可以通过和其他人一起玩和享受音乐来显著增加荷尔蒙的流量（列维京，2015 年），甚至可以简单地给他们一个大大的拥抱，而且每天拥抱八次（扎克，2011 年）。第二种神经化学物质叫作血管加压素，它对调节人类和其他哺乳动物之间的联系、社交能力和压力反应至关重要（列维京，2015 年）。研究发现，这种化学物质通过减少缺陷选项对保持关系做出了广泛的贡献（扬，2003 年）。它增加了人与人之间的亲密关系，但随着时间的推移，这种关系会逐渐消失。因此，我们面临的挑战是，当我们察觉到他人的情绪分离迹象时，找出如何重振这种关系的方法（扬，2003 年）。领导者的作用是保持他们之间的联系活跃、富有活力和成效，这意味着要在他们的关系中注入兴奋和惊喜，使他们能够维持分泌可行水平的神经化学物质，以促成联系。

在许多典型的工作岗位上，人类的工作被机器取代，这一现象被许多人所预言，但最引人注目的是 20 世纪 90 年代中期的杰里米·里夫金的经典著作《工作的终结》（*The End of Work*）（里夫金，1995 年）。最近，《哈佛商业评论》在 2015 年 6 月发表了一篇头版文章，上面有一个机器人的图片，标题是《认识你的新员工：如何管理人机协作》（*Meet your new employee: how to manage the man-machine collaboration*）。虽然机器在商业和组织活动的许多领域中发挥着越来越大的作用，但是，核心舞台仍然是为人类而设的。杰奥夫·科尔文在《财富》杂志上发表了一篇文章，改编自他同名书作《人类被低估了》（*Humans are underrated*）。他在文章中解释说，在可预见的未来，人类将继续处于统治地位，只有人类才能满足深层次的人际需求，这对我们组织内外的参与至关重要（科尔文，2015 年）。事实上，同情心水平，就像在美国对 14000 名学生进行的 72 项研究一样，在过去的 30 年里已经下降了 10% 以上，这表明尽管同情心的需求量很大（甲骨文公司副总裁梅格·贝尔说："同情心是 21 世纪的关键技能！"），但它的供应正在萎缩，这就要求我们在今天为工人、经理和领导者作准备（科尔文，2015 年）。我们完全同意科尔文的总结，具体内容如下：

发达国家的过去十代人中，以及许多新兴市场中较短但仍相当可观的时期内，大多数人都是通过学习机器但比机器做得更好来获得成功的。现在，那个时代已经结束了。越来越多的机器比我们人类做得更好……不要害怕……你会发现你所需要的东西一直都在那里。它已经存在很久了，而且挥之不去。在最深层的意义上来讲，你已经得到了成功的必要条件。去做你想要做好的事情吧。

提升你的脑力

要求你的团队写下实现你的目标所需要的一切技能。根据机器（接近 1）或人类（接近 5）的效率程度，从 1~5 打分。计算所有技能的总分和平均值，使用结果去引导小组讨论，话题是人类贡献的独特特征。你也可以讨论机器是如何辅助的，但主要的目的是，确定是什么让人类有能力创造一个迷人的环境并发展重要的社会关系。团队如何改进？使用这一节（以及之前的章节）中的材料来推进讨论并达成共识。

特别提示

领导者不是孤岛。相反，他们在组织和商业网络中占据核心位置，以便促进建立关系，帮助他们实现目标。然而，他们需要重新调整自己的大脑，以便更好地了解自己和他人的社会行为，并不断地与组织内外的人联系。充分认识到意识基于社会的起源，在商业互动中采用“先合作，后回报”态度，利用模仿作为一种文化创建和维护工具，建立和管理广泛的人际网络，管理点击的艺术，展示存在、温暖和力量的技巧，确保杏仁体和一些大脑化学物质处于一种谨慎的协作模式中，这些是使我们的大脑适应性网络工作的必要条件。机器时代也自相矛盾地带来了人类的时代。请你们努力成为第一批通过培养大脑而使自己成为独一无二的人类的人！

参考书目

Adolphs, R, Baron-Cohen, S and Tranel, D (2002) Impaired recognition of social emotions following amygdala damage, *Journal of Cognitive Neuroscience*, **14** (8), pp 1264–1274

Axelrod, R (1984) *The Evolution of Cooperation*, Basic Books, New York

Brafman, O and Brafman, R (2010) *Click: The forces behind how we fully engage with people, work and everything we do*, Crown Business, New York

Blair, HT (2001) Synaptic plasticity in the lateral amygdala: A cellular hypothesis of fear conditioning, *Learning and Memory*, **8** (5), pp 229–242

Cabane, OF (2013) *The Charisma Myth: Master the art of personal magnetism*, Portfolio Penguin, London

Capraro, V (2013) A model of human cooperation in social dilemmas, *PLoS One*, **8** (8), e72427

Christakis, NA and Fowler, JH (2010) *Connected: The surprising power of our social networks and how they shape our lives*, HarperPress, London

Colvin, G (2015) Humans are underrated, *Fortune*, European Edition, 1 August, **172** (2), pp 34–43

Dawkins, R (1976) *The Selfish Gene*, Oxford University Press, Oxford

De Waal, F (2014) One for all, *Scientific American*, Special Evolution Issue: How We Became Human, **311** (3), September, pp 52–55

di Pellegrino, G, Fadiga, L, Fogassi, L, Gallese, V and Rizzolatti, G (1992) Understanding motor events: A neurophysiological study, *Experimental Brain Research*, **91** (1), pp 176–180

Dimitriadis, N (2008) Information flow and global competitiveness of industrial districts: Lessons learned from Kastoria's fur district in Greece, in *Innovation Networks and Knowledge Clusters: Findings and insights from the US, EU and*

Japan, eds EG Carayannis, D Assimakopoulos and M Kondo, pp 186–209, Palgrave Macmillan, London

Dimitriadis, N and Ketikidis, P (1999) Logistics and strategic enterprise networks: Cooperation as a source of competitive advantage, 4th Hellenic Logistics Conference, Sole – The International Society of Logistics – Athens Chapter (in Greek)

Dumontheil, I, Apperly, IA and Blakemore, SJ (2010) Online usage of theory of mind continues to develop in late adolescence, *Developmental Science*, **13** (2), pp 331–338

Epley, N (2014) *Mindwise: Why we misunderstand what others think, believe, feel, and want*, Allen Lane, London

Frith, CD and Frith, U (1999) Interacting minds – a biological basis, *Science*, **286** (5445), pp 1692–1695

Fox, E (2013) *Rainy Brain, Sunny Brain: How to retrain your brain to overcome pessimism and achieve a more positive outlook*, Arrow Books, London

Goleman, D and Boyatzis, R (2008) Social intelligence and the biology of leadership, *Harvard Business Review*, **86** (9), pp 74–81

Granovetter, M (1983) The strength of weak ties: A network theory revisited, *Sociological Theory*, **1** (1), pp 201–233

Granovetter, MS (1973) The strength of weak ties, *American Journal of Sociology*, **78** (6), pp 1360–1380

Guzman, IP (2015) What is consciousness? Dr. Michael Graziano and the Attention Schema Theory, *BrainWorld*, **6** (2), Winter, pp 46–49

Halligan, P and Oakley, D (2015) Consciousness isn't all about you, you know, *New Scientist*, **227** (3034), 15 August, pp 26–27

Hewlett, SA (2014) *Executive Presence: The missing link between merit and success*, HarperCollins, New York

Hickok, G (2009) Eight problems for the mirror neuron theory of action understanding in monkeys and humans, *Journal of Cognitive Neuroscience*, **21** (7), pp 1229–1243

Iacoboni, M (2009) *Mirroring People: The science of empathy and how we connect with others*, Picardo, New York

Keysers, C (2010) Mirror neurons, *Current Biology*, **19** (21), pp 971–973

Kilner, JM (2011) More than one pathway to action understanding, *Trends in Cognitive Sciences*, **15** (8), pp 352–357

Klein, N and Epley, N (2015) Group discussion improves lie detection, *Proceedings of the National Academy of Sciences*, **112** (24), pp 7460–7465

Korkmaz, B (2011) Theory of mind and neurodevelopmental disorders of childhood, *Pediatric Research*, **69**, pp 101R–108R

Lieberman, MD (2013) *Social: Why our brains are wired to connect*, Broadway Books, New York

Malone, C and Fiske, ST (2013) *The Human Brand: How we relate to people, products and companies*, Jossey-Bass, San Francisco

Marean, WM (2015) The most invasive species of all, *Scientific American*, **313** (2) August, pp 22–29

Marshall, J (2014) Mirror neurons, *Proceedings of the National Academy of Sciences*, **111** (18), p 6531

Martin, A and Weisberg, J (2003) Neural foundations for understanding social and mechanical concepts, *Cognitive Neuropsychology*, **20** (3–6), pp 575–587

McGilchrist, I (2012) *The Master and His Emissary: The divided brain and the making of the western world*, Yale University Press, New Haven

Neffinger, J and Kohut, M (2014) *Compelling People: The hidden qualities that make us influential*, Piaktus, London

Ney, J (2014) Connectedness and the digital self: Jillian Ney at TEDx University of Glasgow [video file], TEDx Talks, URL: www.youtube.com/

Ridley, M (1997) *The Origins of Virtue: Human instincts and the evolution of cooperation*, Penguin, London

Rifkin, J (1995) *The End of Work: The decline of the global labor force and the dawn of the post-market era*, Putnam, New York

Rizzolatti, G and Craighero, L (2004) The mirror-neuron system, *Annual Review of Neuroscience*, **27** (1), pp 169–192

Stix, G (2014) The 'It' Factor, *Scientific American*, Special Evolution Issue: How We Became Human, **311** (3), September, pp 72–79

Sullivan, J (2015) Born to trust: The brain evolution as a social organism – a conversation with Louis Cozolino, PHD, *BrainWorld*, **6** (2), Winter, pp 50–53

Thaler, RH (2015) *Misbehaving: The making of behavioral economics*, Allen Lane, London

Tomasello, M and Carpenter, M (2007) Shared intentionality, *Developmental Science*, **10** (1), pp 121–125

Tomasello, MA (2014) *Natural History of Human Thinking*, Harvard University Press, Boston

Van der Goot, MH, Tomasello, M and Liszkowski, U (2014) Differences in the nonverbal requests of great apes and human infants, *Child Development*, 85 (2), pp 444–455

Watts, DJ and Dodds, PS (2007) Influentials, networks, and public opinion formation, *Journal of Consumer Research*, **34** (4), pp 441–458

Wimmer, H and Perner, J (1983) Beliefs about beliefs: Representation and constraining function of wrong beliefs in young children's understanding of deception, *Cognition*, **13** (1), pp 103–128

Winston, JS, Strange, BA, O'Doherty, J and Dolan, RJ (2002) Automatic and intentional brain responses during evaluation of trustworthiness of faces, *Nature Neuroscience*, 5 (3), pp 277–283

Young, LJ (2003) The neural basis of pair bonding in a monogamous species: A model for understanding the biological basis of human behavior, in *Offspring: Human fertility behavior in Biodemographic Perspective*, eds KW Wachter and RA Bulatao, pp 91–103, The National Academy Press, Washington DC

Zak, P (2011) Paul Zak: Trust, morality – and oxytocin? [video file], TEDGlobal Talks, URL: www.ted.com/talks/paul_zak_trust_morality_and_oxytocin?language=en, accessed 17 September 2015

第八章

思考大脑运作过程：培养沟通思维

他们为什么不遵循我们的价值观

公司的新价值观终于准备好了。修正和改变公司的愿景和价值观，是新任CEO的首要任务。新任CEO一到公司，就召集了她的团队，并迅速要求大家采用比旧价值观更激励人心和鼓舞士气的新价值观。她认为，通过改变现有的产品和面向的公司，以客户和社会为中心的价值观，她也会改变企业文化。这是董事会聘请她将公司从传统的、缓慢发展的公司转变为现代的、快速思考的企业的关键任务之一。她坚信，改变价值观是一个很好的开端！

公司的沟通部门与人力资源部门，甚至是营销部门密切合作，以确定和发展反映新CEO愿景的价值观。他们花了几个月的时间进行内部和外部的研究、分析和思考，并在代理或顾问等外部合作伙伴的帮助下，产生了一套现代的、外向型的、激励型的价值观，比如，以人为本、以客户为中心、自主工作、强调合作和协同、尊重他人的工作等。这位CEO非常高兴。现在的公司价值正符合她的期望值。她为自己的新价值观感到自豪，在与其他公司同事的社交聚会上，她不停地谈论这些价值观。许多人向她表示祝贺，这增强了她对这个计划的成就感和自豪感。

她立即下令在公司的材料、线上和线下应用新的价值观，并给办公室和其他场所贴上了从价值中派生出来的引语和关键词。各部门必须通过向员工解释他们的价值观来提升公司的价值，形成公司的未来价值。每个人都必须签署一份认同价值观的文件。团队建设活动是专门为这个原因而组织的，整个项目都是通过成功和充分的协议以及各级员工的支持来实现的。但是一年后，公司里的大多数人都没有按照广为人知的价值观行事。员工之间有竞争的态度，不尊重他人的工作，不承担责任，因此不强调自主工作。总之，几乎没有什么变化。

发生了什么事？为什么人们在积极地参与发展并热情地赞同最终结果时，却没有表现出预期的行为？说服员工集体采用新的价值观，或类似的计划，到底需要什么？这是首席执行官要求她的团队和外部合作伙伴为她解答的主要问题。公司花了大量的金钱和时间来建立和传播这些价值观，却没有任何重大的成果。她想知道为什么。这个回答让她感到惊讶，同时也改变了她对沟通的态度。很明显，与公司里的人沟通，以诱导任何类型的行为改变，都必须引起许多负责决策和行为的大脑功能。只瞄准人的理性和分析大脑中心是行不通的。有效的影响需要一个整体的大脑方法，而大脑适应性领导者需要掌握它。这是一项核心的 BAL 技能。

说服大脑采取行动

在本书中，我们广泛讨论了不同的大脑区域和神经通路如何影响我们的思考、感觉、行为和连接方式。在这个影响过程中，我们已经触及了以某种方式交流的重要性，以便更有力地影响我们自己和其他人的大脑。例如，我们解释了符号和词语在第六章中创造一个理想的启动环境的意义，我们在第一章中提到了反馈，作为节省大脑能量和处理自我消耗的关键策略。这些观点的共同点是，人类的大脑主要是一个信息处理器官（沙利文，2015 年）。它所做的是通过我们身体的感官和神经网络，从人体内部和外部世界接收信息，并对这些刺激做出相应的反应。正如我们所争论的，这主要取决于刺激本身和大脑的校准或适应方式。在我们看来，大脑作为一个信息处理中心，经常在内部进行交流，以识别对刺激的正确反应。如果交流不是活动的核心，那也是大脑的核心活动。对我们来说，大脑的交流就是向正确的大脑结构发送正确的信息，以说服大脑以一种想要的方式做出反应。由于影响力是领导力的核心概念，正如《哈佛商业评论》2013 年关于影响力的特别问题（伊格内修斯，2013 年）中所强调的那样，现代领导者非常需要学习和练习大脑友好的交流，以有效地说服他人如何表现和行动。一个没有强大说服力的领导者就像一辆没有轮子的汽车一样，不可能走得很远。

在我们寻找和实施最有效的大脑沟通模式的过程中，我们已经采用了三位一体的大脑方法，这在前几章中已经解释过了。这种方法将大脑和它所有的结构分为三个主要领域：旧的爬行动物的大脑、情绪或情感的大脑边缘系统和理性的思考的大脑皮层（麦克莱恩，1990 年）。每一种结构都需要不同的信息或刺激来促使它们进行，为了实现任何重要的以行为为目的的沟通目标，需要综合考虑这三个要素。这是我们应用三位一体的大脑方法的方式，它已经被证明在我们的经验中非常成功，尽管近年来有人批评它在进化过程中对其部分的特殊性，也就是说，大脑的三个部分并不一定是由如此清晰而独特的方式发展和进化的（普里布拉姆，2002 年）。自第二次世界大战以来，作为神经科学中最具影响力的一个观点，我们完全同意著名思想家杰拉德•科里（2002 年）的评价：

……尽管它目前在某些神经生物学领域并不受欢迎，但我认为，三位一体的大脑概念将继续具有影响力，随着研究的进展，有了适当的修改，可以为跨学科的沟通和衔接提供重要的基础。

这是模式的简单性和它在向更广泛的受众传达大脑功能方面的有效性，以及它与认知、情感和行为等人类特征的直接联系，使它成为讨论神经科学在领导与组织中的影响和益处的合适工具。

领导者需要把所有的三个大脑都用来说服和改变行为。在人际关系和组织环境中，奇普·希思和丹·希思（2010 年）已经将其成功地展示在他们合著的畅销书《瞬变：让改变轻松起来的 9 个方法》（*Switch: How to change things when change is hard*）中。在没有明确提到三位一体的大脑的情况下，希思兄弟对骑手和大象的概念进行了扩展，这是心理学家乔纳森·海特（2006 年）首次提出的。海特在比喻上描述了我们理性思考的大脑如何作为一个骑手——聪明而快速却不能单独行动，而我们的情感脑功能就像大象一样——可以移动，而且强大，但不理性。每个系统都需要另一个系统：它们必须互相加强以达到任何有意义的结果。诺贝尔经济学奖得主丹尼尔·卡尼曼（2011 年）在他国际著名的著作《思考，快与慢》（*Thinking, Fast and Slow*）中也详细描述了这两种体系。希思兄弟加入了一个名为“路径”的元素，强调了一个事实，即除了思考和感觉之外，环境本身也能塑造我们的行为——这与我们在第六章中讨论的大脑自动性非常接近。根据广泛的行为实验以及其他作者和学者的类似论点和例子，希思兄弟表明，改变行为需要遵循下面的方法，适应本书中关于 BAL 方法的主题：

1. **方向合理化（或指导骑手）**。理性的大脑常常陷入无意义的分析和无休止的、令人满意的辩论中。它自己不能轻易地做出决定。为了避免分析性麻痹，我们需要清晰和简单的方向来让整个系统跟随。与大脑沟通的关键在于明确盲点，利用“亮点”或成功故事，并使用简单直接的语言。避免信息过载和显示最终目的地，是最有效地吸引骑手的关键步骤。

2. **激发动机（或激励大象）**。推动系统向前发展的是情感的大脑，而不是骑手。然而，没有目标和目的的大象就像一只迷路的大象。所以，它需要骑手的指导。然而，单凭指令无法移动大象。当我们帮助员工们采取一种成长的心态时，当我们在不那么令人恐惧的时候打破变化时，特别是当我们找到合适的情绪或适合特定团队和个人的情绪时，我们会感动他们。如果能意识到情绪比想法、数字、命令和程序更能打动人们，这对于采用

BAL 方法的领导者和管理者来说至关重要。我们在本书中已经详细地讨论过这个问题。

3. 制定环境（或塑造路径）。环境包括那些影响我们行为或感知的方面。换句话说，有时候某人的行为，既不是他的理性思维过程的结果，也不是他源于某种情感动机的产物。这种行为是其他外部因素的结果，这些因素也可能对人类行为产生影响。例如，办公室的实际设置可能会影响员工在办公室里的感觉，从而影响员工的行为。因此，我们的大脑自动化必须从环境中获得正确的线索，以便让大象和骑手朝着理想的目的地前进。在这条道路上，大脑自动化要么是障碍，要么是推动因素。组织的习惯、物理环境以及社会环境都可能阻碍或促进我们的团队努力实现我们设定的行为目标。

不幸的是，我们在世界各地遇到的大多数企业倡议都过于关注第一个要素——骑手或理性的大脑，而忽视了第二和第三个因素。即使是在试图影响骑手的时候，大多数组织的做法与现代神经科学、心理学和行为经济学的观点完全相反：它们使骑手超载，通常是不必要的信息，或者排除了确定目的地所需的关键信息。例如，在一次会议中，经理们有时会过分强调细节，或者提供大量关于项目或任务的信息，试图通过尽可能多地分析任务的情况来帮助员工达到一个结果。但这样做，他们往往会忽略那些对任务完成至关重要的关键点，误导和让员工超载，而且很可能会增加他们的压力。因此，我们不但没有真正地涉及大脑的其他两个部分，而且也没有以正确的方式解决骑手的问题。这就是为什么，就像在本章的开篇一样，我们经常尽我们所能说服员工遵循新的公司价值观，但大多数人还是不会遵循。骑手、大象和路径都没有得到全面的处理。成功的行为影响要求所有的人沿袭这种或那种方式。你越快采取这种整体心态，你的领导说服技巧就越好。

衡量和改变集体智慧

任何组织的集体智慧，代表的是雇员们的三个大脑的组合状态，直接关系到组织的文化。人们在公司特定环境中思考、感受和行为的方式直接影响着企业文化的成功。如果有一种方法来衡量这个集体的大脑，以便更好地理解它当前的状态，并在需要的时候改变它，那将是令人惊奇的吗？这正是我们自2011年以来在东南欧、中欧和中非地区一直在做的事情。

我们中的一位（迪米特里亚迪斯博士）与另一位（萨艾考杰斯博士）密切协商，开发了一种诊断工具，通过内部交流和人力资源计划来测量和改变集体智慧。该工具在跨国公司和地方性公司中成功应用于许多行业，如零售、分销、银行和食品生产，并在东南部地区获得了一个著名的行业奖项（迪米特里亚迪，2014年）。该工具有效地解决了以下问题：

1. **人们所知道的**：这部分是指公司的认知大脑。它衡量的是员工对公司更广泛的职位和未来的信息、他们在公司中所扮演的角色以及对公司的贡献感到满意的程度（分别是大蓝图和特定画面）。

2. **人们所感受的**：这一部分是指公司的情绪或情感头脑。它衡量大家对组织的情感水平。我们测量所有的核心情绪以及主观感受，如欣赏、支持和疲劳。

3. **人们所做的**：这部分是指公司的习惯性或自动性头脑。它衡量员工在日常行为中存在的行为习惯的程度，如冲突解决、部门内部和部门之间的沟通、内部和外部的品牌宣传，等等。

这个基于员工问卷和管理面试的工具是针对我们在市场中经历的反应——问题和解决方案之间的不匹配——而开发的。那些有情感问题的公司会受到更多信息的攻击，而那些缺乏见多识广的员工的公司则会用情绪化的陈述和富有远见的演讲来回应。我们不能用更多的信息来解决情感问题，就像我们不能用情感来弥补信息鸿沟一样。如果没有一个清晰的指南针，我们就会盲目地浪费金钱和时间。相反，通过考察我们公司的三个大脑，我们可以确定哪一个有实际的问题，并致力于找出有针对性的解决方案。

该工具已被用于指导内部沟通工作，将各种功能联合起来，根据问题找到真正的解决方案，并为企业的领导提供一个明确的方向，以建立一个成功的企业文化。划分大脑、业务单位和部门可以让我们在组织内部、特定的关注点和卓越大脑的口袋中找到合适的位置，并适当地使用它们。也许一个部门需要增强信心（情绪处理），而另一个部门需要新的报告问题的习惯（行为和程序处理）。“一刀切”并不存在于个体大脑中，也不存在于集体大脑中。

实践：创建自己的集体大脑诊断工具

你可以为自己的公司、部门或团队创建自己版本的集体大脑诊断工具。下面是具体步骤：

1. 首先分为三个类别：思考、感受和行动。第一，我的员工是怎么想的，他们知道什么，他们在想什么；第二，我的员工的感受是什么？哪些是主要的情感？至少目前是这样；第三，我们的习惯是什么，我们通常是如何对待彼此的？在组织内外，哪些是公认的企业行为规范？

2. 在每个类别下，使用本书中本章和其他章节中的信息来列一个变量（或问题）清单，内容要与你的行业、公司或情况有关。一开始不要做得太过火。每个类别的十个变量（问题）足以让你开始。这些变量可以包括：

• **思考**：我们能在多大程度上意识到组织的战略意图？我们是否知道困扰公司的重大问题？我们清楚我们的工作如何对公司的目标有帮助的吗？我们是否知道我们工作的所有要求和责任，是否有充分理解的沟通渠道？

• **感觉**：公司对员工有多支持？乐观和悲观，哪一个是主导情绪？你感到精力充沛还是疲惫不堪？你感到被人关注还是被人忽视？你感到好奇还是无聊？你感觉自己是团队一员还是孤立无援？等等。

• **行动**：在解决问题时，我们是主动还是被动？当我们面对我们所负责的业务问题时，我们是否会与他人接触？我们是否会有效地与其他部门合作？我们是否认为，该公司是局外人工作的好地方？等等。

3. 面谈（或有针对性的谈话）是你第一次使用这个工具的推荐技巧。基于变量，至少有 10 人来自同一个部门。请记下每个变量的基本信息，并根据它们的性能对每个变量进行高、中或低评分。我们建议在全组织范围内进行定量研究，并在此类研究中纳入专家的参与。

4. 结果是能够首先创造出三个大脑的整体评估（就像思考大脑一样：高等；情绪化的大脑：低等；习惯性的大脑：中等），但也更详细地描述每个类别中的变量或元素是高、中还是低。最困难的领域需要你的立即关注。使用骑手、大象和路径方法来改变你的员工在他们所得分过低的地区的表现。试着保持和使用那些得分高的变量。

将工具扩展到不同的团队和部门。然后比较和对比它们。你看到有什么不同吗？是否有部门特定的模式支持或限制公司的三个大脑中的任何变量？最后采取相应的行动。

罗伯特说服理论

研究提高你的影响力的方法将不可避免地引导你去找罗伯特·西奥迪尼，这位无可争议的全球说服大师。他在1984年出版了他影响深远的著作《影响力》（*Influence: The psychology of persuasion*），自那时起，他的六项说服原则已经成为行业标准。虽然他制定的这些原则主要是用于营销和销售，但也可以很容易地被组织内的领导采用和应用。在领导和管理的背景下，我们多年来一直使用的原则（西奥迪尼，2007年）解释如下：

- **互惠性**。正如我们在前一章所解释的那样，在我们的社会化头脑中，互惠式的善意行动是与生俱来的。我们根深蒂固的公平感和道德行为要求我们向率先对我们表现友好的人做出良好的姿态。运用第七章中阿克塞尔罗德的建议，领导者需要与善意建立关系。这可以帮助我们打开一个积极的、潜在的、永久的合作圈，同时，根据西奥迪尼的说法，这增加了我们的说服力。良好行为的引力是如此之强，以至于它可以根据我们的行为塑造他人的行为。当你表现不好时，你也可以期望影响别人的行为，但这一次是消极的。换句话说，如果你要个性，别人也会要个性；如果你微笑，别人也会微笑；如果你创新，别人也会创新。

- **承诺和一致性**。人类的很多行为都可以归因于我们努力减少心理学家所说的“认知失调”。这个重要的概念是由美国社会心理学家利昂·费斯廷格在20世纪50年代首次提出的，它表明人们为了实现内部一致性而努力奋斗（费斯廷格，1957年）。这意味着我们不断地试图将我们的信念与我们的行动或许多信念结合在一起。我们所相信的和我们在某一场合所做的事情之间的不一致会导致严重的内部冲突，这些冲突必须以某种方式得到解决：要么改变我们的信念，要么试图完全忽视问题，要么不久之后表现一致（费斯廷格，1957年）。例如，将你的团队托付给某个特定的行动过程，这将相应地影响他们的行为。换句话说，如果你想让你的团队在一个项目中表现出承诺，你首先需要表现出承诺。但是要小心：承诺必须被认为对他们非常重要。如果不是这样，不遵循他们的行为而导致的内部冲突就不会那么大。让他们相信行动（例如，对他们的目的来说是不可或缺的），他们就会竭尽所能地采取行动。另外，你可以让你的团队写下他们为什么要提交一个倡议并向团队展示这些东西的原因。对团队其他成员的责任，以及对最终客户的责任，包括项目的目标、团队和公司的声誉，以及对我们价值观的承诺等，这些原因都可以在这里发挥作用，成为集体的理由。

• **社会认同**。我们都知道，一群人仰望天空的效果会对旁观者产生影响：旁观者也会本能地抬起头来。这是社会认同，或者是人们无意识地、自动地跟随社会群体的原则。经典又著名的“阿希从众实验”表明，人们可以遵循他人的观点和行为，即使这些人显然是错的。在最初的实验中，50 名参与者必须分别进行一系列的测试，在这些测试中，他们必须在不同的选项之间做出选择，并指出正确的答案。问题是，在大多数的测试中，在场的其他人在小组面前公开地给出了明显的错误答案。参与者会跟随他们，还是会说出明显正确的答案（例如：观察一下这张纸上的三条垂直线，哪条是最短的）？令人惊讶的是，只有 25% 的参与者没有被其他人的错误选择所左右，75% 的人做出了至少一次的错误选择（错误选择得到了他人的支持）（阿希，1951 年）。在过去的几年里，我们已经和我们的学生进行了多次类似的实验。我们要求班上所有的学生读一篇关于政治或经济的要求很高的文章。然后我们要求他们在课堂上表达他们对文章中主要问题的看法。然而，第一批表达意见的学生已经提前准备好了，通过表达完全错误的评估来误导我们的谈话。然后我们要求其他学生（实验的真正主体）表达自己的观点。猜猜在大多数情况下发生了什么。大多数学生虽然看起来有些惊讶，但却受到前两种误导反应的影响，并同意他们的观点。只有极少数人不同意。这里似乎最关键的是在课堂上的第一个正确答案的状态。例如，如果在前两个误导性的例子之后出现，那么其余的可能性也会更高。如果正确的在群体中出现，那么它就会影响更小，在正确的观点之前，更多的意见与前两个误导性的观点一致。

这很耐人寻味，但也揭示了我们的社会行为，难道不是吗？

我们拥有社会化的头脑，因此我们倾向于随大流，即使它显然是错误的。在我们的另一个最受人喜爱的实验中，亚利桑那州石化森林公园的偷窃率增加了。此前，一场反偷窃活动表明："许多游客已经从公园里移走了石化木材，改变了石化森林的状态（西奥迪尼等，2006 年）"。

这场反偷窃活动实际上促进了它的盗窃率的增长！颇有常识的信息传送也不过如此。我们的大脑倾向于默认别人的行为。在宣布重要会议时，要经常提到已经确认参与的人，特别是如果他们人数众多的话。如果实验证明，参与的人有限，不要大声喊出来。负面的社会认同具有很强的影响力，也就是说，如果他们的大脑抓住了过去的会议没人参加的事实，那么一些人可能会选择不参加下次会议。组织内的文化规范倾向于复制人们接受的行为，无论是积极的行为还是消极的行为。要特别注意哪个是哪个，然后改变它。

• **权威性**。当这些规则由他们认为具有高度权威性的数字制定时，人们往往会默认遵守规则。斯坦利 • 米尔格拉姆和菲利普 • 辛巴多关于服从的开创性实验证明了这一观点的极端性。这意味着公司必须清楚谁负责哪些决策。权威的混乱会损害你的说服力。此外，一些经典的研究（帕琴，1974 年；皮特格鲁，1972 年；希克森等，1971 年；梅凯尼克，1962 年；弗朗斯和瑞文，1959 年）显示，专家权力可以提高权威效应，增加说服力。一个被认为拥有高技能的沟通者会影响其他人的态度和记忆。通过刺激大脑中的尾状核，基底神经节区中与反馈处理、学习、预期回报、社会合作和可信度有关的区域，以及与长期记忆的形成和高技能相关的内侧颞叶增加 12% 的积极接受消息、意义的态度和 10% 的认可、意义识记有关的功能（克卢恰廖夫等，2008 年）。与以前的研究相比，这些数字实际上是非常高的（克卢恰廖夫，2008 年）。无论是在什么领域，都要成为你所在领域的专家，这意味着要在你的工作领域追求卓越，而不是仅仅擅长于此。在需要的时候，特别是在压力很大的情况下，请展示这方面的专业知识，你的影响力将会增加。

• **喜欢**。我们更有可能受到我们喜欢和钦佩的人的影响，而不是那些我们不喜欢的人的影响。喜欢的三个原则及其对说服的影响得到了很好的传播（多贝里，2013 年）。第一，我们喜欢外形好看的人；第二，我们喜欢与我们有相似之处的人；第三，我们喜欢那些喜欢我们的人。这意味着领导者和管理者必须注意他们的外形体面，并且总是很体面。他们也需要以一些与他们的追随者相似的方式呈现自己。领导者可以通过诸如“我以前也和你一样”“我们有着共同的愿景”等语句来证明这一点。最后，领导者应该尽可能地赞美别人。这种说服原则的一部分包括：我们对喜欢我们的人比不喜欢我们的人会付出更多的努力。在我们的经验中，这一直被证明是正确的。我们观察到，当人们被欣赏时，他们最热情，最积极，最有创造力。

• **稀缺性**。我们的大脑已经开始注意到稀缺性，并自动地朝着确保那些即将供应短缺的重要资源的方向前进。将获取资源的行为按优先级排序是一种必要的进化策略，因为被排除在获取这些资源之外可能意味着无法生存。西奥迪尼强调这一原则的营销和销售方面（就像他最初设想的营销使用原则一样），建议营销人员经常提醒潜在客户，他们推出的极具吸引力的产品即将到期，或者该产品销售速度很快，以后不会再生产了。在现代的组织环境中，领导者应该时刻提醒他们的团队，资源，他们在市场上的当前位置，甚至公司的存在，都不要认为是理所当然的。商业杂志上充斥着曾经强大的公司的案例，但这些公司在短短几年内就不得不为生存而挣扎（如诺基亚、柯达和其他公司）。这并不是吓唬人。这一切都是为了打破舒适区，经常进行现实检查，为团队内部的动态、积极和创新的工作定下基调。此外，为员工提供想要的奖品的短时间创意竞赛，可以用来激发短暂的热情和新的创意。“黑客马拉松”是由互联网、软件、数字和创意公司（莱卡特，2012 年）发起的一种简短而激烈的项目开发竞赛，效果很出色，因为它们很少发生。我们相信，如果它们每天都发生，就不会有同样的效果，而且它们肯定会让劳动力极度疲惫。因此，以一种相关的形式为你的公司使用“黑客马拉松”，这是非常明智的，但作为一种稀缺性创意，意味着并不是每天都可以用的解决方案。

说服的六条原则并不是对于所有的情况和所有的人都奏效，但我们发现，通过练习和一点反思，你就能熟练地为正确的挑战选择正确的原则。它们中的一些原则甚至可以成为你新的 BAL 领导方法的习惯。使用它们，就会增加你的说服力。

与大脑对话

每当我们与学生和客户讨论领导说服术和大脑的话题时，我们经常会遇到这样的问题："好极了！但是，你有什么快速的技巧或特别的措辞让我们立即采用呢？"虽然我们并不支持那些"揭示"咒语去创造盲目跟随者的人，但有科学发现支持我们去使用那些对人们有直接影响的特定词汇或短语。此外，有一些对话风格可以帮助我们从长远的角度提高我们的说服力和合作潜力。

让我们从那些有快速见效的效果开始，那是我们几乎每天都在教学和咨询实践中使用的东西。心理学家、作家兼媒体评论员罗布•杨在《影响力：说服的新科学》(*I is for Influence: The new science of persuasion*)（杨，2011 年）一书中总结了这些快速的技巧。具体如下：

• **"不只这些"**。这样说的效果更好。正如杨解释的那样，向某人提出一个新的职位，提出一个组织重组计划，或者试图说服你的团队在这个月投入双倍的时间去提高业绩，如果你能解释这些优势的话，那就更有效了——然后再继续跟进。不要在你的主要演讲中打出所有的牌，而要在结尾保留意想不到的好处。正确使用"不只这些"这个短语，就有能力让人们觉得他们得到的比他们预期的要多，比他们应该获得的要多，比他们商谈的要多。

• **"因为……"**。一个非常有趣且被广泛引用的实验表明，如果有人试图在复印机的队列中插队，只要他们给出了特定的理由，那么，他们就可以获得很高的批准率。令人惊讶的是："对不起，我只有 5 页纸，请允许我先使用施乐复印机，因为我在赶时间。”这段话在94%的情况下可以获得理想的效果。如果只是简单地说一句：“对不起，我只有5页纸。请允许我使用施乐复印机。”只有60%的成功率（兰格等，1978年）。加上“因为”这个词可以大大提高影响力。情况越急迫，“因为”的分量就越重。如果经理和领导总是说“这是不可能的”“现在不可能”“我以后再考虑”或其他一些让同事和下属感到失望的短语，那就是一种耻辱。只是增加“因为”这个词，提供一个真实和诚实的理由，就会让每个人更快乐。当要求你的团队努力工作或加班时，总是明确地向他们解释为什么有此需要。你应该把这一技巧融入你的交流中，因为，作为一个有影响力的人，这会对你的工作效率产生巨大的影响。

- “**我需要你去做（一些非常具体或可量化的事情）**”。在请求中具体化，会增加该请求的积极影响。与其说“我们必须加倍努力”，不如说“与去年相比，我们必须将生产率提高7%，以便赶上其他部门”。在你的大脑中有效地对骑手进行具体的对话，并排除任何误解、困惑或不必要的悲观。如果目标是明确的，并且很小，那也是可以管理的。

- “**你有一个选择**”。总是提醒同事、员工和商业伙伴，他们在重要和紧迫的决定面前有选择的余地，这大大增加了他们接受你的目标的可能性。这让人们感觉自己可以控制局面，而不是感觉自己陷入了困境。陷入困境或处于危险之中的感觉可能会过度刺激杏仁体，导致之前提到的所有消极后果（比如压力障碍、恐惧、焦虑、攻击性等）。在任何决定中，我们总是有选择的余地，即便是在最困难的决定中也如此。明确地说，特别是用支持的语气，说服人们，他们将要选择的是他们自己的决定。这可以增强自信、敬业和满足感。而不是说诸如此类的话：“我们没有选择，我们需要调整。”最好是说：“我们有一个选择：要么我们保持原样，而且很可能在6个月内失去客户，要么我们现在就改变，并在这场竞争中打败对手！”你能找出其中的区别吗？快速说服在我们的日常会议、讨论、公告和演示中非常有用。然而，我们不建议成为骗子的游说。我们很少能完全隐藏我们真正的能力、意图和领导潜力。在这方面，采用一种谈话式的方式，使我们能够更深入地接受他人，并以一种更有意义、更有影响力的方式做出回应，从而提高我们的大脑说服能力的核心。这是领导者所需要的，尤其是因为——正如《语言可以改变你的大脑》（*Words Can Change Your Brain*）的合著者安德鲁·纽伯格和马克·沃尔德曼（2012 年）在书中解释的那样：

尽管我们生来就有语言天赋，但研究表明，当我们与他人交流时，我们的谈话技能却出奇地不熟练。我们经常不加思索地选择自己的语言，忘记了它们对他人的情感影响。我们实际说的话比我们需要说的话多。

纽伯格和沃尔德曼提出了一种他们称之为“富有同情心的交流”方案，这种交流在长期实践中，会使我们大脑的两边保持一致，并增加交谈人之间的神经共鸣。神经推理是指“从一个大脑到另一个大脑的信息的精确传递”（纽伯格和沃尔德曼，2012 年），增强了发送和接收正确信号的可能性，以及合作的出现。作者提出了 12 种方式，让我们成为富有同情心的交流者，本书中提到过其中的很多方式。它们是：采用一种更为轻松的态度；在交谈中全心投入；培养内心静默；更加积极的心态；反思心灵最深处的价值（或目标）；搜寻愉快的记忆（为了让积极的面部表情出现）；观察对方的非语言的暗示；表达赞赏；热情发言；慢慢地说话；说简单的话；认真地倾听。这个清单是一个非常方便的总结，可以让你成为一个更好、有合作精神、更有影响力的谈话者。

我们相信在本书中讨论的那些和其他相似的属性。尽管实现这些目标总是说起来容易做起来难，但是，当我们在这个问题上认真努力地工作时，我们看到了我们自己和他人的真正进步。这从简单而深刻的认识开始，即如果我们不考虑我们的大脑是如何运作的，我们的沟通是困难的，而且通常是无效的，因为我们的目标是对其他人的行为产生影响。在苏格兰斯特拉斯克莱德大学的一次广受欢迎的 TED 演讲《交流的错觉和智力型解决方案》（*The illusion of communication and its brain-based solution*）中，我们中的一位（迪米特里亚迪斯，2015 年）呼吁，如果我们想让这个世界变得更美好，请听众们采取有利于大脑的交流方式。可悲的是，我们每天在公司里看到的是乘客对乘客说话，他们表现得像在做决定时没有其他的大脑部分，特别是在采取一致的行动方针的时候。所以，当两个人在交谈时，两个额叶在逻辑上、理性上和分析上都是一致的，然后是两个整体的大脑（不仅仅是额叶，在谈话之后实际上变得无关紧要），只是不让这两个人做相应的动作。想象一下这样的画面：你和你的同事们交谈，并迅速达成共识：把你们共同努力的 110% 投入到新项目中，这对项目的成功至关重要。但是，很明显，人们并没有像最初商定的那样增加他们的努力。当然，他们中的一些人尝试做出了一些努力，但并没有接近达成一致的想法。骑手明白了，但大象一动也不动，路径也不清楚。只有当我们开始把大脑看作一个整体——我们的大脑以及我们交谈的人的大脑——的时候，我们才能做出有意义的决定，并最终导致行为改变。现代的领导者需要和大脑整体进行对话，而不仅仅局限于理性支配的额叶。与大脑谈话，人们就会进步。

反馈的重要原则

在最近的一次（2014 年）由我们的一个同事发起的研究工作中，对不同类型和规模的管理者以及不同行业和行业的管理者进行了大量采访，研究发现，管理反馈是一个核心提示，通过它，可以改变职场中的习惯（萨艾考杰斯等，2015 年）。反馈提供了关于工作特性的信息，并试图在给定的方向上引导性能（菲多等，2001 年），被视为学习过程的一个组成部分（阿什比和欧布莱恩，2007 年）。在研究中发现，反馈可以用来影响组织行为模式的改变。研究发现，当给予反馈的时候，有三条原则是至关重要的。

1. **非正式的反馈效果更好**。当你想和员工谈论他们重复的行为时，这是在制造问题，那么，最好（至少是第一次）避免正式的程序，比如，让他们进入你的办公室。选择更多非正式的方式。研究表明，管理者可以通过诸如喝咖啡、散步和谈话等非正式的方式来获得更好的结果。
2. **反馈应该尽可能具体**。经理们需要从讨论的开始就直接瞄准需要改变的行为。应该避免长期和一般性的讨论，而且需要明确讨论的问题是什么，并在讨论结束时做出决定。
3. **反馈也应该表明在行为改变后所能获得的好处**。管理人员需要与员工讨论这些好处，强调在改变当前造成伤害的习惯行为后，员工们可以获得什么好处。

我们把上述三个原则称为组织中“反馈的三重框架”。

我们很容易发现本研究的结果和前面章节中讨论的许多概念之间的相似之处。这是因为反馈是影响我们大脑和随后行为的基本功能。人们发现，利用信息反馈循环可以让大脑对最初的信息做出恰当的反应，从而改变我们的行为。有效的反馈回路有以下4个组成部分（戈茨，2011年）：

1. **证据**。有关行为的数据必须立即收到并提交。
2. **相关性**。通过设计、演示、比较和上下文，将冷数据转化为有意义的输入。
3. **后果**。信息需要有目的或更大的目标。这就回答了“为什么”的问题。

4. **行动**。个人行为是为了获得所需的数据，从而关闭这个循环，并打开一个新的循环。

举个例子，想想一家公司致力于改善工作场所的可持续性相关行为。如果有回收目标，可以经常用具体的数据（证据）进行回收，数据总是可以放在期望的目标旁边，以便立即进行比较（相关性），一个励志的评论可以伴随数据公告来提醒人们活动的目的和重要性（后果），该循环将以新的动作结束，希望能够带来改进措施（一个新的循环诞生了）。

六大刺激模式

最近发现，大脑沟通的说服能力导致了神经文化的爆发，或者神经科学对整个社会的广泛传播，并发展成为了流行文化（弗契多和安加，2009 年）。我们发现这一过程非常令人兴奋，因为很明显，我们认为，如果采用一种以大脑为基础的方法，领导、商业、教育、政治和生活将会大大改善。通信的有效性可以成倍地增长，从而节省金钱和时间。这在广告中更是如此，正如一句老话所说：我的广告浪费了一半，我只是不知道是哪一半（谚语，1999 年）。神经营销学——营销、广告和销售部门努力开发新的、更有效的基于说服神经科学的通信——包括企业如何能以更少的成本获得更多利润的许多技巧、技术和模式。其中一些可以很容易地应用于领导力环境。尤其是帕特里克 • 任瓦斯和克利斯朵夫 • 莫林在 2002 年首次发表的六大刺激模式。这个模式提供了非常有用的见解，说明领导者应该如何直接与同事和员工的大脑进行沟通。在下面的表格中，大家可以看到任瓦斯和莫林（2007 年）的开创性工作，在内部沟通和管理信息的背景下，应用这些刺激可以让说服过程变得更有效和高效。

表 8.1　适用于领导力的六大刺激模式

刺激	描述	领导力经验
以自我为中心	更老更深的大脑结构主要关心我们的生存。个体的自我保护意识使我们的大脑注意到什么是我们个人的东西。	在会议、演讲和重要新闻的宣布中，我们总是需要考虑强调“将心比心”的信息，并确保我们接受了对方的观点。经常以积极和建设性的方式使用“你”这个词。当然，在团队合作中也存在个人方面的问题，尽管有些人认为不应该这样。但是，如果试图忽视团队内部的个人自我，并加以压制，那将是灾难性的。通过相互理解和相互协作来促进它，就可以提升它。
对比	为了发现信息之间的差异，我们的大脑必须消耗能量。因此，他们倾向于不去节省脑力。	在每一个内部宣传活动和管理信息传递中，不要听出同样的声音。不断地开发明显强调不同特征和不同状态的消息，让你的员工的大脑更容易明白你在说什么。“前与后”和“有与无”的沟通效果在这里适用，可以用来说服人们制定新的政策和改变项目。“分析这条新规则有与无的情况。你喜欢哪一个？”这种提问有效地利用了对比，使信息更容易被大脑消化。
有形	大脑比抽象和理论信息更能理解具体和有形的信息。它花费更少的精力去捕捉前者，更多的精力去处理后者。	尽量使用具体清晰的图片和文字，以及特定的上下文信息，使一个困难而抽象的主题变得精确而有形。数字可以提供帮助，尤其是在特定的背景下：从“我们将在这个项目上花很多钱”到“我们将花费100万，这是我们整个部门在这个项目上的预算”。第二条信息的影响要大得多。

续表

刺激	描述	领导力经验
开头和结尾	讲故事是一种古老的艺术（想一想《伊利亚特》和《奥德赛》），其原因之一，就是我们的大脑喜欢按顺序接收信息：有开头，有结尾。所以在这两个点上，注意力自然会更高。	在重要声明的开头和结尾时，要非常小心地选择措辞。当遇到新同事和新员工时也一样：他们会很清楚地记住你在会议上的第一个词和最后一个词。演示的时候，开场白不要太乏味，别指望后面你会给出更有趣的细节，因为在你没有播放到第18个幻灯片之前，大家的注意力早就消失殆尽了。
可视化	我们是视觉生物，大脑接收到的大部分信息，通过我们的眼睛比其他感官更快。信息的图形化程度越高越好。	不要使用生硬、枯燥或难以阅读、理解的材料和幻灯片。信息必须是清晰的、大量的和最重要的。使用更少但更大胆的视觉、文字和数字。在艺术展览上留下极简主义艺术，为MBA学生提供超负荷的Excel幻灯片。遵循公司的文化规范和品牌方针，创建直接、容易注意和理解的内部活动与演示。视觉越引人注目和明显，效果就越好。同样，要注意你的组织对这种努力的接受反应。
情绪性	大脑是一种情感器官，它是一种情绪，可以使我们行动起来，对信息做出行为反应。正如我们在本章前面所看到的，大象移动我们，而骑手指挥我们。	“企业信息和沟通不能有情感”，这个想法是不正确的。如果它们不能，那么我们就会生活在一个不健康的，甚至是心理变态的环境中（正如第四章所解释的那样）。情感是我们大脑的一个整体功能，正确地使用它们会让我们更有效的沟通。我们注意到，许多管理者试图去消除他们的信息，从而危险地降低了他们不得不说的话的影响。我们对组织文化很敏感，如此，我们就可以将我们的信息注入我们正在努力实现的目标相关的情绪中，以达到最大的效果。情绪与行为平等。就这么简单。

我们很少遇到可以同时使用所有这些刺激的案例。但是，我们可以使用其中的两三个组合，以确保自己的信息能够到达听众的大脑，从而引起行为反应。否则，你只会和大脑的执行部分进行交流，这可能会做很多分析，但不会有太大的作用。

特别提示

说服是一项核心领导技能，现代领导者需要影响他人的行为，以达到他们组织的目标。在这个方向上，我们需要对三个主要的功能“说话”：思考、感觉和行动，以达到较好的结果。额叶，也就是大脑的执行区域，彼此对话并达成一致，很少能让自己产生激情和有意义的行为反应。情绪必须激励，环境促进了所期望的行动过程。引导骑手（理性），激励大象（情绪），调整路径（习惯和程序），以获得个人和集体智慧的最大化结果。在可能的情况下使用：西奥迪尼的六个说服原则；能快速追踪你对他人影响的特定短语（比如“因为”）；富有同情心的交流的 12 要点；引起大脑注意力的六大刺激模式。如果使用得当，你的说服力会对你和其他人的工作产生显著的积极影响。

参考书目

AdAge (1999) John Wanamaker – special report: the advertising century, *AdAge online*, 29 March, URL: http://adage.com/article/special-report-the-advertising-century/john-wanamaker/140185/, accessed 10 October 2015

Asch, SE (1951) Effects of group pressure on the modification and distortion of judgments, in *Groups, Leadership and Men*, ed H Guetzkow, pp 177–190, Carnegie Press, Pittsburgh

Ashby, FG and O'Brien, JRB (2007) The effects of positive versus negative feedback on information-integration category learning, *Perception and Psychophysics*, **69**, pp 865–878

Cialdini, RB (2007) *Influence: The psychology of persuasion*, Revised Edition, HarperCollins, New York

Cialdini, RB, Demaine, LJ, Sagarin, BJ, Barrett, DW, Rhoads, K and Winter, PL (2006) Managing social norms for persuasive impact, *Social Influence*, **1** (1), pp 3–15

Cory, GA (2002) Reappraising MacLean's triune brain concept, in *The Evolutionary Neuroethology of Paul MacLean: Convergences and frontiers*, eds GA Cory, and R Gardner, pp 9–27, Greenwood Publishing Group, Westport

Dimitriadis, N (2014) Neuromarketing is the future, eKapija Business Portal-SEE Region, 18 February, URL: www.ekapija.com/website/en/page/842820/Nikolaos-Dimitriadis-CEO-of-DNA-communications-Neuro-marketing-is-the-future, accessed 16 October 2015

Dimitriadis, N (2015) The illusion of communication and its brain-based solution, TEDx The University of Strathclyde, Glasgow, 25 April

Dobelli, R (2013) *The Art of Thinking Clearly*, Spectre, London

Fedor, DB, Davis, WD, Maslyn, JM and Mathieson, K (2001) Performance improvement efforts in response to negative feedback: The role of source power and recipient self-esteem, *Journal of Management*, **27**, pp 79–97

Frazzetto, G and Anker, S (2009) Neuroculture, *Nature Reviews Neuroscience*, **10** (11), pp 815–821

French, JRP and Raven, BH (1959) The bases of social power, in *Studies of Social Power*, ed D Cartwright, pp 259–269, Institute for Social Research, Ann Arbor

Goetz, T (2011) The feedback loop, *Wired Magazine*, July, pp 126–133, 162

Haidt, J (2006) *The Happiness Hypothesis: Finding modern truth in ancient wisdom*, Basic Books, New York

Harrington, A (1992) At the intersection of knowledge and values: Fragments of a dialogue in Woods Hole, Massachusetts, August 1990, in *So Human a Brain: Knowledge and values in the neuroscience*, ed A Harrington, pp 247–324, Springer Science and Business Media, New York

Heath, C and Heath, D (2010) *Switch: How to change things when change is hard*, Crown Business, New York

Hickson, DJ, Hinings, CR, Lee, CA, Schneck, RS and Pennings, JM (1971) A strategic contingencies theory of intra-organizational power, *Administrative Science Quarterly*, **16**, pp 216–229

Ignatius, A (2013) Influence and leadership – editorial on the HBR Special Issue on Influence: How to get it, how to use it, *Harvard Business Review Online*, URL: https://hbr.org/2013/07/influence-and-leadership, accessed 20 September 2015

Klucharev, V, Smidts, A and Fernández, G (2008) Brain mechanisms of persuasion: How 'expert power' modulates memory and attitudes, *Social Cognitive and Affective Neuroscience*, **3** (4), pp 353–366

Langer, EJ, Blank, A and Chanowitz, B (1978) The mindlessness of ostensibly thoughtful action: The role of 'placebic' information in interpersonal interaction, *Journal of Personality and Social Psychology*, **36** (6), pp 635–642

Leckart, S (2012) The hackathon is on: pitching and programming the next killer app, *Wired online*, 17 February 2012, URL: www.wired.com/2012/02/ff_hackathons/all/1, accessed 17 October 2015

MacLean, PD (1990) *The Triune Brain in Evolution: Role in paleocerebral functions*, Plenum Press, New York

Mechanic, D (1962) Sources of power of lower participants in complex organizations, *Administrative Science Quarterly*, 7, pp 349–364

Newberg, A and Waldman, MR (2012) *Words Can Change Your Brain: 12 conversational strategies to build trust, resolve conflict, and increase intimacy*, Hudson Street Press, New York

Patchen, M (1974) The locus and basis of influence on organizational decisions, *Organizational Behavior and Human Performance*, **11**, pp 195–221

Pettigrew, A (1972) Information control as a power resource, *Sociology*, **6**, pp 187–204

Pribram, KH (2002) Pribram and MacLean in perspective, in *The Evolutionary Neuroethology of Paul MacLean: Convergences and Frontiers*, eds GA Cory and R Gardner, Greenwood Publishing Group, Westport, pp 1–8

Psychogios, A, Szamosi, L, O'Regan, N and Blackory, F (2015) Can feedback alter organizational routines? Five-fold dimensions of managers' feedback in changing organisational routines, *Hull University Business School Working Paper Series*, The University of Hull

Renvoise, P and Morin, C (2007) *Neuromarketing: Understanding the 'buy buttons' in your customer's brain*, SalesBrain LLC, San Francisco

Sullivan, J (2015) Born to trust: The brain evolution as a social organism – a conversation with Louis Cozolino, PHD, *BrainWorld*, **6** (2), Winter, pp 50–53

Yeung, R (2011) *I is for Influence: The new science of persuasion*, Macmillan, London

小结

1. 关注集体努力

专注于合作而不是个人的努力。

2. 联系很重要

不要忽视与其他对大脑功能有显著影响的人的联系，这可能对领导绩效产生影响。

3. 了解他人的想法

与他人直接接触，创造一个舒适的环境，尽可能的清晰并积极地倾听他人想法。

4. 学会模仿

领导者在塑造他人的情绪、态度和行为时应该懂得模仿。

5. 说服

通过采用三位一体的大脑方法进行说服：

- 方向合理化；
- 激发动机；
- 创造环境。

6. 评估集体智慧

使用三重诊断工具评估集体智慧：

- 人们知道什么；

• 人们感觉到什么；

• 人们做什么。

7. 注意影响力

注意以下的影响力原则：

• 互惠性；

• 承诺和一致性；

• 社会认可；

• 权威性；

• 喜欢；

• 稀缺性。

8. 与沟通者的大脑进行对话

有一些特定的单词或短语会产生直接的影响：

• “不只这些。”

• “因为……”

• “我需要你去做……”

• “你有一个选择。”

9. 注意反馈

强调：

• 非正式反馈；

• 特定的反馈；

• 利益导向型反馈。

10. 六大刺激模式

提高领导说服效率的六大特定的刺激模式：

- 以自我为中心；
- 对比；
- 有形；
- 开头和结尾；
- 可视化；
- 情绪性。

结　语

未来、大脑和 BAL 方法

当你们读到这里的时候，就意味着这本书中的 BAL 方法已经奏效了。这本书本身是否成功则取决于你们运用 BAL 方法的结果。你们成功了，我们也就成功了。

但这不是我们第一次使用 BAL 方法。我们参与的神经科学、心理学、社会学、人类学、行为经济学，当然，还有管理学和营销学，不可避免地使我们的大脑几乎自动地运用了本书中的许多原理。在过去的 10 年里，我们都在自己的职业生涯中扮演了多重角色：演讲者、发言人、培训师、研究员、导师、教练、顾问、经理和企业家。这些角色帮助我们在 BAL 模式下，直接和我们教导、建议和训练的人产生了深刻共鸣。因此，我们没有在本书中介绍任何我们没有尝试过也没有产生实际结果的见解或建议。正是这种根深蒂固的、经得住考验的、共同的信念，让我们有动力去写这本书，让世界上更多的人能够接触到这本书。我们的承诺是：通过应用 BAL 原则，你的大脑将成为你在领导方面最强大的盟友。

关于大脑的突破性发现刚刚开始浮出水面。我们现在知道的可能只是冰山一角。正如《大脑的未来：世界顶尖神经科学家的论文》（*The Future of the Brain : Essays by the world's leading neuroscientists*）一书的编辑加里 • 马库斯和杰里米 • 弗里曼所言："在神经科学领域，从来没有比现在更激动人心的时刻了。"（马库斯和弗里曼，2015 年）。在接下来的 20 年里，我们期待会发现更多关于我们的神经元如何激发、互动和影响我们行为的有趣的洞见和事实。在通常的限制条件下，我们尽了最大努力，将最新的研究结果和关于大脑的讨论纳入到这本书中，并将它们与20世纪中叶的经典研究相结合。我们认为这是经典和现代的结合（强调后者），基于与大脑相关的文献进行的广泛研究，以及我们观察到的实际结果，使BAL接近它的边缘。我们相信，这四大支柱将会在未来很长一段时间内继续存在。但要敞开心扉，注意观察神经科学和行为科学的新发现、新研究、新应用。利用这些新发现进一步发展你自己！你的大脑是可塑的，它喜欢成长。请使用BAL方法去塑造你的大脑。

在更广泛的神经科学领域的所有新发展中，大脑互动或大脑改变技术将对我们感知和处理大脑的方式产生深远影响。最初的发现，被称为神经技术（多诺霍，2015年），十分令人震惊，并且给大脑损伤的人创造了巨大的希望。大脑之门（www.braingate2.org/）以及世界上其他类似的科学倡议，都是制造与大脑中神经元直接互动的设备和计算机软件。看起来，自然产生的神经可塑性不仅可以改善我们的大脑，而且还能植入我们头部和头骨顶部的传感器。技术将能够绕过我们的执行大脑，触及更深的结构，以唤起直接反应。它将在我们的大脑中获得更清晰的思想和感觉信息，帮助两个或更多的大脑直接互动和交流。下面是对这个话题的一系列非常有趣的研究：

1. **直接的脑－脑交流**。美国国家科学基金会感觉运动神经工程中心主任和华盛顿大学计算机科学与工程教授拉杰什•拉奥领导的一个研究小组在2013年8月进行了第一次脑-脑接口（拉奥，2014年）。在实验中，两个坐在不同位置的人为了在一个电脑游戏中取胜，必须相互合作。第一个人被称为发送者，他正在看游戏的屏幕，思考着他和他的游戏伙伴应该做什么，但没有接触到物理控制。第二个人被称为接收者，他用手在游戏中移动，但是没有接触屏幕去看看哪次移动是必需的。所以他依赖于发送者。发送者戴着一种脑波阅读装置（简称EEG），他的想法是为了赢得比赛而进行正确的移动。接收者也戴着一种装置，叫作经颅磁刺激（简称TMS），这种装置可以让他在大脑中通过刺激特定的磁驱动中枢而不由自主地移动他的手。他们设法赢得了游戏。根据游戏的简单规则，发送者的想法可以让接收者的手按正确的方向移动。

2. 图像重建。在2011年发表的一篇论文中，西本真司和同人们宣布，他们成功地从人们的头脑中捕捉到了自然电影的图像，在单独的屏幕上重新构建它们。在功能性核磁成像技术扫描中，人们正在观看这些电影，同时，科学家们正在记录那些与视觉成像相关的人的大脑区域，特别是在枕颞叶视觉皮层发生了什么。通过使用先进的视觉表现模式，他们成功地重建了参与者观看的动态图像，达到了令人满意的程度（西本真司等，2011年）。尽管有些模糊，但这些重建的图像已经足够好，可以在不久的将来创造出对改进的高度希望。该研究报告的作者之一托马斯·纳斯尔里斯最近表示："像读心术这样的东西的潜力迟早会被利用，而且可能在我们的有生之年实现（瑞夸斯，2015年）。

3. 分享想法。2014年发表的一项研究表明，通过非侵入性神经技术（格劳等，2014年），两个相连的大脑可以共享一种思想。一个坐在印度喀拉拉邦的人（发送者）被要求想象他在移动自己的手或脚。他头上戴着的脑-机接口装置捕捉到了他大脑中产生的信号，并将其翻译成一个简单的二进制代码（0和1），表示每个想象的动作。然后，研究人员给每个想象中的动作分配了一个单词，意大利单词"Ciao"和西班牙语"Hola"，都表示"你好"的意思，这取决于他是否想要移动自己的手或脚。发送者知道这一点，所以他可以决定在他移动的时候该用哪个词。生成的二进制代码随后被发送到法国，另一个人（接收者）坐在斯特拉斯堡，眼睛闭着，头上戴着另一个装置。该设备将接收到的二进制代码转换为在他的脑海中看到的一闪一闪的光。他事先知道闪光可能意味着什么，他可以说出"Ciao"或"Hola"，从而直接复制发送者决定发送的内容。本质上，这两个大脑通过互联网直接沟通。发送者想说“Ciao”或“Hola”，接收者知道是哪一个。该研究的作者之一朱里奥·鲁菲尼非常公开地说：

……你可以用两种方式来观察这个实验。一方面，这是非常技术性的，也是一个非常简单的概念验证。另一方面，这是第一次这样做，所以我认为这是一个历史性的时刻，非常令人兴奋。（埃弗莱斯，2015 年）

随着大脑的理解和互动的飞跃，著名的物理学家和未来学家加来道雄在他 2015 年的著作《思想的未来》（*The Future of the Mind*）中恰当地介绍了诸如心灵感应、心灵控制、硅谷意识和心灵超越物质等充满争议和神秘主义的话题。他在这本书的开篇中说了下面的一段话（加来道雄，2015 年）：

自然界的两个最大的奥秘是心灵和宇宙……如果你想欣赏宇宙的威严，那就在夜晚把你的目光投向天空，闪耀着亿万颗星星……为了见证我们心灵的神秘，我们所要做的就是盯着镜子里的自己，幻想着我们的眼睛后面藏着什么？……但是直到最近，神经科学的基本工具并没有提供一种系统的分析大脑的方法。

现在，梦想成真了。

所有这些进步对于智力型领导力意味着什么？虽然很难说，但我们可以设想一些事情。首先，领导者会采取大脑训练的方法和措施，就像 BAL 方法，处理更严肃的事——为他们自己，也为他们的组织。这也意味着，在教育的早期阶段，将会引入对大脑友好的方法，以便儿童和青少年使用大脑增强的方法来更有效地处理他们在学校和生活中所面临的挑战。

第二，领导者和管理者将使用移动应用程序、计算机程序和各种设备来帮助他们获得神经反馈（他们的神经元是如何由受控制的刺激触发的？）

来完成他们的日常任务。已经可行的例子包括：

• 招聘人员，包括面部识别和脑电图（EEG）测试；

• 检测办公室人员的脑电波，使他们能够更快地进入自己的心流状态，从而提高工作效率和成就感；

• 在会议期间，通过语音识别和其他方法来绘制情感，帮助公司为员工创造一个更加协作和令人兴奋的环境。

与此同时，对所有可能的数字来源的高级数据分析，将推动发现工作中根深蒂固的行为模式的界限。

第三，在未来，我们可能看到在领导力中直接实施神经技术和脑-脑交流，可能从全球公司、政府甚至教育开始。当然，所有这些都是预测，因此，需要谨慎考虑。更重要的是，如果隐私和道德这两个重要的问题没有得到充分解决，这些预测将不会成为现实。

当然，应用神经科学和神经技术就像任何其他的人类工具一样：它们可以被用于好的意图，也可以被用于坏的意图。例如，它可以用于提倡利己主义的目标和操纵，或用于创造共享和集体利益。它也可以作为解决冲突的手段，或作为扩大冲突甚至是战争的手段。《外交政策》杂志的一份特别报告显示，神经武器已经在制造中，大量的资金正从国防机构和公司投入到与人类和基础设施系统整合的神经技术中（瑞夸斯，2015 年）。“欢迎参加神经战争”2015 年 9-10 月刊的头版如此宣称，不幸的是，我们可能离这样一个不受欢迎的未来不远了。

大脑结构和公司结构

组织结构不会对神经科学免疫。我们组织工作、任务、权限级别和组织内部沟通的方式将遵循我们的大脑组织方式。内部大脑结构将反映在团队、部门和组织设计和图表中。这听起来是不是太牵强了？但它已经发生了。著名的领导力大师约翰•科特在《哈佛商业评论》2012 年 11 月刊上发表的文章《加速》中解释了这一问题，并在他的《极限加速：为快速移动的世界建立战略灵活性》一书中进一步阐述了他在公司内部的双重操作系统的发现。这种双重系统包括传统的、金字塔式的、正式的和不灵活的层次结构，还有更多的非正式的、自发的、灵活的、类似创业的和项目驱动型的网络（科特，2014 年）。第一个系统需要存在以确保交付和稳定的连续性，而第二个系统对于促进创新、创造性破坏和未来竞争力至关重要。我们的大脑需要两者，公司也需要两者：理性和情感需要协同工作，和谐相处。如果不是这样，大脑就会变得不正常，公司就会被更精简、更有创造力的创业公司所赶超。

营销专家马克•代斯恩•阿龙斯、弗兰克•范登和基斯•韦德在《哈佛商业评论》7-8 月刊上发表了他们的文章《终极营销机器》，这是一个专注于思考、感觉和行动的问题：营销的新基础。在这篇文章中，作者们将最佳营销功能结构描述成了一个写实的关键脑功能（阿伦森等，2014 年）。他们建议，为了使营销工作做得更好，“思考”任务（包括研究和分析），“感觉”任务（包括客户互动管理和媒体关系）和“行动”任务（包括内容创作和生产）需要由不同的团队来处理，每个团队都有各自大脑功能的专家。温和地说，这是一场革命。领导者们需要迫切地迎接神经科学，并引领这场革命进入新的领域。“行动”的人就是胜利者。

这里的要点是，在未来，BAL 方法的所有部分几乎肯定会得到改善和扩展。让我们简单地看一下前面讨论的一些问题将会有哪些帮助（有些帮助已经发生）：

- **部分 1**：思考会变得更全面。我们将比以往更快地发现偏见、错误模式和自我损耗，这是由于自我评估的应用，以及更好地分析来自我们周围世界的数据。我们会提出更好的问题，进行更明智的战略投资，更早地了解我们是否在追求我们作为一个组织的目标，因为人与人之间的沟通会变得更加有益于大脑。

- **部分 2**：情绪会变得更有意义。我们的情商将会因为反馈技术而增加，这将使我们更好地理解我们和其他人在工作中的感受。此外，通过数据分析和情感检测接口，可以更好地跟踪和管理情绪风格和心情。

- **部分 3**：习惯将为我们带来更多的好处。神经设计将帮助我们在线上和线下创造更好的空间。这些空间将为我们的大脑提供更好的合作、更多的创造力和更高的生产力。我们还可以通过手机和其他设备上的应用和传感器更容易地跟踪习惯。

- **部分 4**：人际关系将变得更加强大和激励人心。社交媒体已经改变了人们的联系方式、工作方式、生活方式、内部组织和外部组织。编制有用的人际纽带将比以往更容易，但我们也将能够更有效地培养和评估这些纽带。通过先进的分析，甚至计算机生成的信息和建议，说服术将得到数字化辅助。这将很大程度上基于所谓的预测神经科学，即评估、建模和预测我们大脑中的神经行为（马克拉姆，2013 年）。与此同时，内部大脑结构将成为全球企业重组的基础。神经技术将优化这些新结构的各个部分之间的沟通，以便更加有效和高效，就像我们的大脑已经做到的那样。

复杂性在召唤伟大的领导者：在任何社会或经济活动中以及在任何公司或机构中的伟大领导者；来自任何年龄层和地球上任何地方的伟大领导者。复杂性还需要实践智慧型的领导者。由于过去的知识不足以解决未来的复杂问题，我们需要在做决定和在社会环境下的行为中培养更多实际的日常判断力。我们希望，BAL 方法将是加强我们的“实践智慧”，激发我们的个人和集体领导潜力，并将其释放到大千世界中去的重要途径。继续释放这种力量吧！

特别提示

把这本书里所有的内容都记在脑子里。我们强烈建议大家经常回头去温习，以刷新你们的记忆，并将你们的大脑领导力拓展到新的领域！

参考书目

Arons, MDS, van den Driest, F and Weed, K (2014) The ultimate marketing machine, *Harvard Business Review*, July–August, **92** (7), pp 54–63

Donoghue, J (2015) Neurotechnology, in *The Future of the Brain: Essays by the world's leading neuroscientists*, ed G Marcus and J Freeman, pp 219–233. Princeton University Press, Princeton

Eveleth, R (2015) I emailed a message between two brains, *BBC Futureonline*, URL: www.bbc.com/future/story/20150106-the-first-brain-to-brain-emails, accessed 8 October 2015

Grau, C, Ginhoux, R, Riera, A, Nguyen, TL, Chauvat, H, Berg, M, Amengual, JL, Pascual-Leone, A and Ruffini, R (2014) Conscious brain-to-brain communication in humans using non-invasive technologies, *PLoS ONE*, **9** (8), e105225. doi:10.1371/journal.pone.0105225

Kaku, M (2015) *The Future of the Mind: The scientific quest to understand, enhance, and empower the mind*, Anchor Books, New York

Kotter, JP (2014) *XLR8: Building strategic agility for a faster-moving world*, Harvard Business Review Press, Boston

Marcus, G and Freeman, J (2015) Preface, in *The Future of the Brain: Essays by the world's leading neuroscientists*, ed G Marcus and J Freeman, pp xi–xiii. Princeton University Press, Princeton

Markram, H (2013) Seven challenges for neuroscience, *Functional Neurology*, **28** (3), pp 145–151

Nishimoto, S, Vu, AT, Naselaris, T, Benjamini, Y, Yu, B and Gallant, JL (2011) Reconstructing visual experiences from brain activity evoked by natural movies, *Current Biology*, **21** (19), pp 1641–1646

Rao, RPN, Stocco, A, Bryan, M, Sarma, D, Youngquist, TM and Wu, J (2014) A direct brain-to-brain interface in humans, *PLoS ONE*, **9** (11), e111332. doi:10.1371/journal.pone.0111332

Requarth, T (2015) Mind field, *Foreign Policy*, September/October, 214, pp 50–59

后　记

BAL 方法已经成为我们的职业生涯和个人生活方式的一部分。写这本书也不例外。它要求我们认真地、始终如一地、创造性地把 BAL 方法的四大部分付诸实践。下面就是实践方式。

关于思想，我们必须谨慎地使用我们的意志力，因为我们在写这本书的时候都是全职工作。我们必须尽可能远离倦怠效应、各种认知偏见和误导模式，尤其是在决定使用哪些相关文献以及哪些建议和例子的时候。我们必须不断地为这本书的发展提出正确的问题，并提醒自己写作的更高目的。我们必须创造性地解决各种各样的挑战，尽可能多地进入流程（为了快速发展），并且扩展我们的记忆，以确保我们没有遗漏任何我们认为重要的东西。促进我们的心态成长是绝对必要的！

关于情绪，在写这本书的过程中，大部分的情感都是积极的。所以，主导情绪是火箭情绪。然而，任何灾祸发生时产生的负面情绪也都得到了很好的利用：它们使我们对目标更加坚定、更有韧性。所有这些情绪都是我们前进的动力（情绪就是这样）。主导的核心情绪是兴奋或追求新奇，而我们所体验到的最重要的情绪方程式是：好奇心 = 惊奇 + 敬畏。

关于习惯，我们利用了启动效应，确保我们的课桌总是塞满了与书相关的材料。无论身处世界的哪个角落，我们每天都在网上进行例行会议。我们冲动地购买了市场上的某本书籍或杂志（通常是在欧洲和亚洲的机场书店），里面提到了神经科学或大脑，还在各种在线渠道上阅读关于这个主题的最新特别报道。这些也是我们在 10 年的大部分时间里养成的习惯。

关于人际关系，我们尽力与许多人保持紧密联系，包括我们彼此，我们出版商的出色的团队，在全球范围内拥有类似兴趣的专业人士和科学家，当然还有我们的学生、同事和客户。在新思想、解决问题和走向世界方面，弱连接与强连接同样重要。

最重要的是，我们从未停止过积极地影响各种各样的人，比如，我们彼此（再提一次），我们的业务和生活伙伴，以及出版商的支持团队，我们的共同目的是以最好的方式完成这本书。与此同时，通过向我们在课堂、公司和活动中遇到的人提及这本书，我们试图积极地影响他们，并取得一定效果。

感谢大家阅读这本书，希望你们能够接受并分享我们对这个智力型领导时代的新看法。现在有两条清晰的道路摆在你们面前：要么你们继续拥有与阅读之前一样的思想、情感、习惯和人际关系，要么你们运用这四部分，成为一名更好的领导。这是你们自己的选择。

致 谢

我们要感谢英国科根培杰（Kogan Page）图书出版有限公司的宝贵支持，这是一支身经百战、专业高效、敬业投入的团队。

我们还要感谢所有的学生、同事、企业客户和观众的热情接纳，并感谢他们不断提供新的挑战、观点和教训。因为有你们，我们的大脑才会一直精力旺盛！

最重要的是，我们感谢家人对我们无限的理解和爱。

谨以此书献给他们。